세계사를 바꾼
10가지 약

출판은 사람과 나무 사이에서 이루어지는 가치 있는 일입니다.
도서출판 사람과나무사이는 의미 있고 울림 있는 책으로 독자의 삶을
좀 더 풍요롭게 만들기 위해 최선을 다하겠습니다.

세계사를 바꾼 10가지 약

사토 겐타로 지음

서수지 옮김

사람과
나무사이

옮긴이 **서수지**

대학에서 철학을 전공했지만 직장생활에서 접한 일본어에 빠져들어 회사를 그만두고 본격적으로 일본어를 공부해 출판 번역의 길로 들어섰다. 옮긴 책으로 『세계사를 바꾼 13가지 식물』『세계사를 바꾼 37가지 물고기 이야기』『세계사를 바꾼 10가지 감염병』『세계사를 바꾼 와인 이야기』『세상에서 가장 재미있는 63가지 심리실험—뇌과학편』『세상에서 가장 재미있는 61가지 심리실험—인간관계편』『세상에서 가장 재미있는 88가지 심리실험—자기계발편』『세상에서 가장 재미있는 81가지 심리실험—일과 휴식편』『세상에서 가장 재미있는 59가지 심리실험—위로와 공감편』『과학잡학사전 통조림—일반과학편』『과학잡학사전 통조림—인체편』『과학잡학사전 통조림—우주편』『과학잡학사전 통조림—동물편』 등이 있다.

세계사를 바꾼 10가지 약

개정판 1쇄 발행 2025년 8월 15일
개정판 2쇄 발행 2025년 9월 22일

지은이 사토 겐타로
옮긴이 서수지
펴낸이 이재두
펴낸곳 사람과나무사이
등록번호 2014년 9월 23일(제2024-000012호)
주소 경기도 파주시 회동길 508(문발동), 스크린 405호
전화 (031) 815-7176 **팩스** (031) 601-6181
이메일 saram_namu@naver.com
디자인 박대성
영업 용상철
인쇄 · 제작 도담프린팅
종이 아이피피(IPP)

ISBN 979-11-94096-22-1 03900

"인류는 독과 약을 기록하기 위해
문자와 점토, 종이 등의
기록 수단을 발명한 것처럼 보인다."

— 후나야마 신지 일본 약과대학 교수

★★★ 이 책에 보내는 언론과 독자의 찬사 ★★★

많은 국가와 사회를 치명적인 위기에 빠뜨렸던 10가지 질병과 이로부터 인류를 구한 10가지 약에 관한 이야기다. 책을 읽다 보면 과학사의 발전은 지난한 설득과 투쟁 과정에서 이뤄진다는 것을 알 수 있다. —《경향신문》

책이 재미있게 느껴지는 지점은 이러한 순간을 설명하면서 다양한 상황을 가정해본다는 데 있다. 말라리아에 걸려 사경을 헤매던 강희제에게 '예수회 가루' 퀴닌이 전해지지 않았다면, 특수한 푸른곰팡이 포자가 런던 의사였던 알렉산더 플레밍에게 우연히 날아들지 않았다면 하는 식으로 펼쳐낸 이야기가 흥미진진하다. —《연합뉴스》

필자가 보기에 『세계사를 바꾼 10가지 약』의 가장 큰 특징은 내용이 흥미롭다는 점이다. 막연하게 알고 있는 사실들이 흥미로우면서도 구체적으로 다가온다. 재미있는 책을 읽다 보면 시간 가는 줄 모른다. — 최병관(대전과학산업진흥원 과학산업전략본부장)

고교 생활 중 가장 도움이 많이 된 책이에요. 이 책은 질병의 역사, 그리고 질병을 고치기 위해 인류가 발명 또는 발견한 10가지 약에 관해 설명하는데요. 1학년 자율 활동 시간, 에이즈의 실태와 치료제에 대해 발표할 때 이 책을 유용하게 활용했어요.
—《내일신문》〈대학생 선배의 독서 이야기〉 중에서

일반인의 교양서적으로 손색이 없다. 특히 중·고등학생이 의약·화학 관련 학문의 진로를 찾고 호기심을 갖게 만드는 데 상당한 도움이 되리라 생각한다. — je******** | 교보문고

간호사의 입장에서 아주 유용하고 즐겁게 읽히는 책입니다. 지식으로 활용하기도 좋을 것 같아요. — 05****** | 교보문고

중고등학생들이 읽으면 진로 설정에 좋은 내용이 많아요. — vi****** | 교보문고

중학생 딸아이가 잘 읽고 있어요. — hj**** | 교보문고

관심이 많았던 분야에 관한 여러 가지 유용한 내용들이 너무 좋았습니다. — ch***** | 교보문고

아이가 읽는다고 샀는데, 제가 더 재밌게 읽었어요. — ma***** | 교보문고

학교에서 추천받아 읽게 되었어요. 진로 결정에 도움이 될 듯한 내용이네요.
— ri****** | 교보문고

중학생 아이가 진로 관련 책으로 선택한 책인데, 상식도 넓힐 수 있고 유익한 내용이에요.
— li***** | 교보문고

이 책은 쉽다. 어려운 얘기가 별로 없다. 그런데 유익하다. 인류 역사에서 가장 중요한 약들에 대해 별로 빼놓은 것이 없어 보인다. 그러면서도 재미있다. 일화를 과하지 않게 버무렸다. — n*****m | YES24

제목 그대로 세계사를 바꾼 10가지 약에 대해 쉬운 설명으로 풀어낸 책이다. 세계사와 약이라니, 제목만 봐서는 딱딱하고 어려운 내용일 것 같지만, 읽기 시작하면 이야기에 푹 빠져서 저자가 설명하는 약에 숨겨진 비화들을 지루함 없이 흥미롭게 읽을 수 있다.
— k***********1 | YES24

약과 관련된 책은 조금 어렵다고 느껴질 때가 많은데, 굉장히 다정하고 친절하다는 느낌이 들었다. 쉽게 설명할수록 내공이 있다던데……. 이렇게 다정하고 쉽게 설명할 수 있는 사람이 되고 싶다고 생각했다. — p*********1 | YES24

최근 국내에서 아스피린에 대한 논쟁이 있었다. 이 논쟁을 흥미롭게 지켜보는 입장에서 더 알고 싶어 이 책을 샀다. 개인적으로 정말 재밌게 읽었다. 중간중간 삽화도 잘 어울리고, 아무튼 굿이다! — d***k | YES24

아이가 읽고 싶다고 해서 산 책이에요. 제목과 표지만 봐도 읽고 싶은 마음이 생기는 책이죠. 전체적으로 지루하지 않고, 재미있고 쉽게 읽을 수 있는 책이에요. 중학생이 읽기에 좋아요. 세계사를 교과서와는 다른 시각에서 알 수 있어서 좋고요. 무엇보다 배경지식과 상식이 풍부해집니다. 책이 재미있어요. 옆에 두고 심심할 때 읽으면 좋을 책. 재미있게 역사 공부를 할 수 있는 책이에요. — m****6 | YES24

만약 그때 그 약이 없었더라면

"역사에 만약은 없다."

누가 처음 한 말인지는 알 수 없으나 살면서 한두 번 이 말을 들어보거나 해보지 않은 사람은 없을 것이다.

갑자기 의문이 생긴다. 역사에서 '만약'을 허용하면 안 되는 걸까? '만약'이라는 가정은 순도 백 퍼센트의 역사라는 물을 더럽히는 불순물 같은 것일까? 그렇게 생각하지 않는다. 공동체의 기억에 남아 있고 기록으로 보존된, 돌이킬 수 없는 사실로서의 '역사'를 있는 그대로 받아들이고 소중히 여기는 자세는 물론 필요하다. 그러나 다른 한편으로 역사를 다양한 관점으로 바라보고, 한발 더 나아가 '그때 만약 이랬더라면?' 하는 식으로 상상의 나래를 펴는 것도 좋다고 본다. 인간의 상상력에서 비롯된 '만약'은 역사를 훼손하지 않을 뿐 아니라 오히려 좀 더 풍성하고 흥미진진하게 만들어주는 활력소 같은 것이라고 생각한다.

실제로 역사에 '만약'을 대입하는 과정은 즐겁다. 만약 알렉산드로스 대왕이 동방이 아닌 로마로 진격했다면, 만약 오다 노부나가가 혼노지의 변(1582년 교토 혼노지에서 일어난 모반 사건으로 일본 전국시대 역사의 변곡점이 되었다. 이 사건으로 오다 노부나가가 자결하고, 도요토미 히데요시가 권력을 잡으며 정권이 교체되었다.—옮긴이)에서 살아남았다면 등의 이야기는 동서고금을 막론하고 상상력을 한껏 자극하는 재미난 이야기로 수많은 사람을 매료시켰다.

얼마나 많은 이들이 시간 가는 줄 모르고 역사에서 '만약'을 상상하는 재미에 빠져들었을까? 역사학자가 아닌 일반인은 역사에 가정을 더하는 즐거움에 빠져들어도 좋다고 생각한다. 그 과정에서 도출되는 교훈만 해도 헤아릴 수 없이 많지 않을까?

"만약 클레오파트라의 코가 조금만 낮았더라면 세계 역사는 달라졌을 것이다."

'역사의 만약' 중에서 가장 유명한 파스칼의 말이다. 이 짧은 한 문장은 세월을 뛰어넘어 두고두고 사람들의 입에 오르내렸다. 사람들은 한 여성의 코 높이라는 지극히 사소한 사건이 2000년 후인 오늘날의 지도마저 바꾸어놓았다고 상상하며 짜릿한 지적 흥분을 느끼곤 한다. 베이징에 있는 나비 한 마리의 날갯짓이 바다 건너 뉴욕에 폭풍을 일으킨다는 이야기와도 사뭇 닮았다.

이런 이야기들은 사람들의 마음속을 파고들어 강렬한 인상을 남긴다. 그러나 역사를 움직이는 주인공은 클레오파트라 같은 미녀 여왕이나 카이사르와 안토니우스 같은 장수와 정치가가 아니다. 지진과 화산 분화 등의 천재지변도 중요한 요인이 되고, 가뭄이나 한파 등의 기후 변동도 역사에 큰 영향을 미친다. 각종 질병 역시 역사의 중요한 변곡점을 만들어낸다. BC 430년, 고대 그리스 도시 국가 아테네를 덮친 병마는 1년 사이에 지도자였던 페리클레스를 포함한 수많은 아테네 시민을 쓰러뜨렸고, 경쟁 관계에 있던 스파르타에 패배하는 원인 중 하나가 되었다. 1346년, 흑해 연안의 카파(Kaffa)라는 도시를 포위했던 몽골군은 페스트로 죽은 아군 병사의 시신을 투석기에 매달아 성벽 안으로 던져 넣었다. 역병을 피해 배를 타고 도망친 사람들 탓에 페스트는 삽시간에 들불처럼 전 유럽으로 번져 나갔고, 당시 유럽 인구의 3분의 1이 희생되었다.

16세기, 스페인 출신 용병 프란시스코 피사로는 200명도 채 안 되는 부하를 이끌고 인구 1,600만 명에 달하는 잉카 제국을 정복하는 기적을 연출했다. 그러나 그 기적의 그늘에는 유럽에서 정복자들과 함께 건너온 천연두라는 전염병이 숨어 있었다. 또 18세기에도 미국 선주민 사이에 천연두가 맹위를 떨쳤다. 구대륙에서 신대륙으로 건너온 이 병은 영국과 프랑스의 정복 활동을 한몫 거들며 침략의 첨병 역할을 했다. 몇 번씩 전염병을 경험하며 면역력을 키워온 유럽인들과 달리, 신대륙 선주민들은 구대륙에서 들어온 질병에 완전히 무방비했기에 낯선 질병에 속절없이 쓰러졌다.

이렇게 각종 전염병은 눈에 보이지 않는 형태로 역사를 크게 뒤흔들어놓았다. 다시 말해 인류가 병마와 맞서 싸우는 과정에서 개발한 다양한 무기, 즉 의약품도 역사의 중요한 열쇠가 되었다.

나는 예전에 제약회사 연구원으로 신약개발 업무에 종사하며 의학의 가능성과 위험성에 대해 고민하는 나날을 보냈다. 만약 이 약이 그 시대에 있었더라면, 그 약이 그 인물을 구하지 않았더라면……, 역사에 '만약'을 대입하는 역사 애호가라면 누구나 한 번쯤 거쳐 가는 필연적인 과정을 나 역시 그냥 지나칠 수 없었다.

이 책에서 나는 몇 가지 질환으로 압축해 역사와 의약품의 관계를 이야기할 것이다. 만약 바스쿠 다 가마와 마젤란이 비타민C를 알았다면, 만약 특수한 푸른곰팡이 포자가 런던의 병원에 있던 알렉산더 플레밍에게 날아들지 않았다면, 만약 양귀비에서 생산되는 알칼로이드 분자가 탄소 한 개 분량이 빠진 구조였다면……, 단언컨대 오늘날 우리가 보는 세계 지도는 지금과는 다른 모습을 하고 있을 것이다. 물론 단순히 하나의 질병이 하나의 의약품으로 퇴치되는 사례만 존재하는 건 아니다. 인류를 괴롭혔던 역병은 의약품의 힘과 더불어 위생 및 의료 환경 개선, 백신과 수술 등의 각종 의료 수단의 진보 등 복합적 요인이 맞물려 대개 서서히 모습을 감추었다. 이 책의 얼개는 단순하다. 의약품의 모습에 초점을 맞추어 세계사 전반의 이야기를 간추렸다.

의약품은 때로 놀라운 위력을 발휘한다. 한 알의 알약, 한 봉지의 가루약은 클레오파트라의 코와 마찬가지로 역사의 흐름에 거대한, 그러나 알아차리기 힘든 변곡점을 가져왔다. 이 책을 읽으며 '역사의 만약'을 마음껏 즐겨주시기 바란다. 이야기 속에서 어떠한 교훈, 어떠한 이야기를 끌어낼지는 독자 여러분 개개인의 자유로운 감성에 달려 있다.

차례

03 인류 절반의 목숨을 앗아간 질병 말라리아 특효약, 퀴닌

04 천사와 악마의 두 얼굴을 지닌 약, 모르핀

05 통증과의 싸움에 종지부를 찍은 약, 마취제

01

藥

의약품은
언제, 어떻게
탄생했을까?

원숭이와 곤충도 약을 사용한다고?

현재 일본인의 평균수명은 83세(2015년 기준 남성 80.75세, 여성 86.99세—옮긴이)를 넘어섰다. 오늘날 마흔도 되기 전에 세상을 떠나는 사람은 그리 많지 않다. 그러나 백 년 전만 해도 사정은 전혀 달랐다. 당시의 일본인 평균수명은 오늘날의 절반에도 미치지 못할 정도로 짧았다(참고로, 1921~1925년 평균수명은 남성 42.06세, 여성 43.20세였다). 신생아 예닐곱 명 중 한 명은 세 살이 되기도 전에 요람에서 곧바로 무덤으로 직행하던 참혹한 시대였다.

운 좋게 성인이 된다 해도 사정은 획기적으로 나아지지 않았다. 결핵 등의 질병으로 젊은 나이에 저세상으로 가는 사람이 적지 않았기 때문이다. 가령 일본 근대 소설을 개척한 여류 작가 히구치 이

치요는 스물네 살에, 시인 이시카와 다쿠보쿠는 스물여섯 살에, 메이지 시대를 대표하는 시인이자 문학가였던 마사오카 시키는 서른네 살에 병으로 세상을 떠났다. 메이지와 다이쇼로 대표되는 일본 근대를 살았던 사람들에게 죽음은 오늘날을 사는 우리가 느끼는 것보다 훨씬 가까이에 있었다. 당대의 사람들은 죽음을 인생의 일부로 받아들였기에 언제 자기 차례가 와도 이상하지 않다고 여겼다.

인류학자, 고고학자 등의 전문가들은 선사시대까지 거슬러 올라가면 인간의 평균수명이 열다섯 살 정도밖에 되지 않는다고 추정한다. 오늘날이라면 잠깐 병원에 가서 주사 맞고 약 먹고 하면 쉽게 나을 정도의 감기나 가벼운 병이 그 시대에는 목숨을 앗아가는 치명적인 질병이었다. 그런 사정으로, 당대의 사람들이 특효약을 찾는 마음은 현대인들과는 비교도 되지 않을 만큼 간절하고 절박했을 것이다.

그렇다면 의약품의 역사는 언제부터 시작되었을까? 사실 워낙 오래된 일이라 그에 대해 정확하게 아는 사람은 아무도 없다. 다만 다양한 기록들과 정황들을 근거로 대략적으로나마 추정할 수 있을 뿐이다. 의약품의 발견과 활용은 인류가 탄생하기도 전인 아주 오랜 옛날부터 시작되었을 가능성이 크다.

무엇을 근거로 그렇게 추정하느냐고? 인류 이외의 다른 동물들이 병을 치료하기 위해 일종의 약을 이용한 사례가 종종 발견되기 때문이다. 예를 들어, 남미에 사는 꼬리 감는 원숭이('카푸친 원숭이'라는 이름으로 불리며, 학명은 Cebus다)는 방충제를 이용하는 방법을 안다. 이 원숭이들은 노래기를 발견하면 잽싸게 잡아서 자기 몸 여기저기에 문지른다. 노래기가 방출하는 화학물질 벤조퀴논(Benzoquinone)을 몸에 바르면 뱀이나 해충 등이 가까이 다가오지 않는다는 걸 터득하고 있기 때문이다.

비슷한 사례는 곤충 세계에서도 찾아볼 수 있다. 기생파리라는 곤충은 애벌레에 알을 낳고, 부화한 유충은 애벌레 몸속에서 성장한다. 이윽고 애벌레가 번데기가 될 무렵, 기생파리 유충은 숙주의 외피를 아귀아귀 뜯어 먹고 바깥세계로 나온다. 이처럼 녀석은 〈에일리언〉 같은 SF 영화나 공포영화를 떠올리게 하는 무시무시한 방식으로 살아간다.

그러나 기생 당하는 쪽, 즉 숙주인 불나방 유충도 기생파리 유충에게 아무 대책 없이 무기력하게 잡아먹히지는 않는다. 불나방 유충은 기생파리가 제 몸에 알을 낳으면, 평소에는 잘 먹지 않는 나도독미나리속의 독당근(Conium) 같은 독성식물을 찾아 먹는다. 이렇게 독성식물을 뜯어 먹은 불나방 유충은 독초를 먹지 않은 녀석들보다 생존율이 훨씬 높다고 한다. 즉, 불나방 유충들은 제 몸속에 둥지를 튼 기생충을 퇴치하기 위해 '약초'를 이용하는 셈이다.

야생동물이 본능적으로 자연계에서 약을 찾아 이용하는 사례는 이 밖에도 무수히 많다. 초기 인류는 유인원과 별반 다르지 않으므로 원인(原人)이나 원인(猿人, Australopithecine)이라 불리던 시대부터 이러한 '의약품'을 이용했을 가능성이 크다.

지금으로부터 수 천 년 전 인류는 정착 생활을 시작했고, 세계 각지에서 문명을 발전시켰다. 파피루스, 점토판 등의 도구를 무언가를 기록하는 일에 사용할 줄 알았던 초기 문명인들은 예외 없이 다양한 약이나 독약 등에 관한 특징과 사용법 등을 문자로 남겼다. 후나야마 신지 일본 약과대학 교수는 "인류는 독과 약을 기록하기 위해 문자와 점토, 종이 등의 기록 수단을 발명한 것처럼 보인다"라고 말하기도 했다.(『독과 약의 세계사』, 2008)

이 시대 사람들에게 무엇을 먹으면 병에 걸리는지, 또 무슨 약을 먹으면 병이 낫는지에 대한 정보는 아마도 가장 중요한 정보 중 하나였을 것이다. 개별 인간들에게 그것은 어쩌면 왕의 이름이나 전쟁의 승패를 기록하는 일보다도 훨씬 더 중요한 일로 여겨지지 않았을까? 현재까지 남겨진 기록을 살펴보면, 주위에서 구하기 쉬운 식물이나 동물, 광물 등과 그 밖의 온갖 물질이 진지한 탐구 대상이 되었음을 알 수 있다. 그 기록을 통해 우리는 질병의 고통에서 벗어나고 싶어 했던 선조들의 염원이 얼마나 절실했는지 생생히 느낄 수 있다.

본격적인 문자 기록이 이루어지면서 다양한 비법과 비방(祕方: 자기만 알고 남에게 공개하지 않는 특효의 약방문—옮긴이)이 축적되고 점점 더 세련되게 다듬어졌다. 그와 함께 다양한 유파가 정립되었고, 그중 탁월한 실력을 갖춘 사람들에게 '명의'라는 이름으로 대단한 권위가 부여되었다. 이렇게 각 문명에서 의료 체계가 완성되었으며, 그 일부는 '한약'이나 '아유르베다'와 같은 이름으로 오늘날 의학에까지 뚜렷한 족적을 남기고 있다.

"인류는 독과 약을 기록하기 위해

문자와 점토, 종이 등의

기록 수단을 발명한 것처럼 보인다."

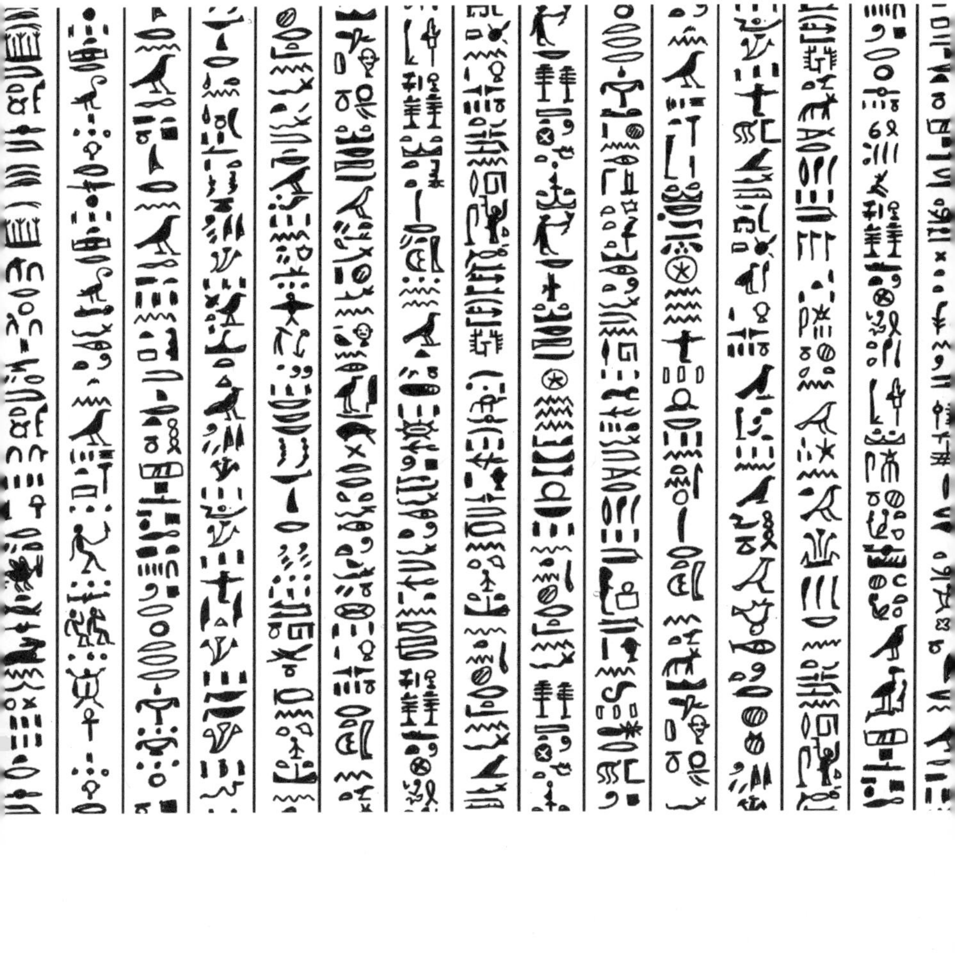

참혹한 '쓰레기 약'의 시대

그렇다면 초기 인류는 구체적으로 어떤 물질들을 의약품으로 사용했을까? '약'에 관한 여러 가지 궁금증을 지닌 독자는 이 책의 저자인 내게 무엇을 기대할까? 아마도 이런 식이지 않을까? 먼저, 수천 년 전부터 사용된 약효가 뛰어난 의약품 목록을 줄줄이 열거하며 소개한다. 그런 다음, '옛사람들의 지혜가 대단했다'라는 식으로 이야기를 마무리한다. 이 정도면 얼추 얼개가 만들어지고 독자의 기대에도 웬만큼 부응할 수 있지 않을까?

그러나 아쉽게도 독자의 그런 기대에 부응하기는 어려울 것 같다. 왜냐하면 실제로 초기 의약품은 '도대체 누가 이런 걸 약으로 사용할 엄두를 냈을까?'라는 생각이 들 정도로 황당한 사례로 넘쳐나기 때문이다. 예를 들어, 고대 메소포타미아에서는 BC 4000년경부터 3000년경 기간 동안 점토판에 550종이나 되는 의약품 목록을 빼곡히 기록해 놓았다. 그 의약품 내용을 꼼꼼히 살펴보다 보면 누구나 자기 눈을 의심하게 될 정도다. 소똥과 말똥, 썩은 고기와 기름, 불에 태운 양털, 돼지의 귀지 등 오늘날의 상식으로는 약은커녕 쓰레기로밖에 여겨지지 않는 온갖 더러운 물질들이 버젓이 기록되어 있다.

왜 그런 '쓰레기 약' 목록이 기록으로 남았을까? 이는 당대를 산 사람들의 생각, 즉 신념 및 종교관과 밀접한 관련이 있다. 그들은 질병이란 악마가 몸속에 침투하여 만들어내는 나쁜 현상이라고 믿었다. 그러므로 몸속 악마를 쫓아내려면 악취를 풍기는 동물의 똥이나 오줌, 썩은 고기, 심지어 돼지의 귀지 같은 악마가 싫어하는 더러운 물질을 사용해야 한다고 믿었다.

이 점에서는 고도의 문명을 이룩했던 고대 이집트도 예외는 아니다. 고대 이집트에도 온갖 종류의 '쓰레기 약'이 존재했다. 실제로 동물의 피나 똥, 빵이나 나무에 핀 곰팡이 등 듣기만 해도 속이 울렁거리는 이상한 물질을 환자의 몸속에 투여했다는 기록이 공식 문헌에 남아 있다.

악마를 쫓아낸다는 퇴마 약품은 외과수술에도 적극적으로 이용되었다. 그 증거가 고대 이집트와 잉카 유적에 고스란히 남아 있다. 그 유적지에서 두개골에 구멍이 뚫려 있는 미라가 여러 구 발굴되었다. 고고학자들은 그 구멍이 머리로 들어온 악마를 몰아내기 위해 외과수술로 구멍을 뚫은 흔적이라고 추정한다. 구멍 주위 뼈에 상처가 아문 흔적이 남아 있는 사실로 미루어 한동안 머리에 구멍이 뚫린 상태로 살았던 게 아닌가 싶다.

현대인의 상식으로는 상상조차 하기 힘든 장면이 아닐 수 없다. 머리에 구멍을 뚫는 외과수술로 악마를 몰아낼 수 있을까? 아무튼, 당대의 사람들이 그런 엽기적인 수술로 악마를 쫓아낼 수 있다고 믿었던 것만은 분명해 보인다.

다행스럽게도 세월이 많이 지나 '쓰레기 약'은 역사 속에서 자취를 감춘다. '의학의 성인'으로 추앙받는 히포크라테스(BC 460년경~BC 377년경) 시대에 들어서면서부터다. 질병이 악마의 소행이 아

그들은 질병이란 악마가 몸속에 침투하여
만들어내는 나쁜 현상이라고 믿었다.
그러므로 몸속 악마를 쫓아내려면
악취를 풍기는 동물의 똥이나 오줌, 썩은 고기,
심지어 돼지의 귀지 같은 악마가 싫어하는
더러운 물질을 사용해야 한다고 믿었다.

닌 자연현상의 하나임을 깨달았다는 증거로 볼 수 있다.

이 시대에는 '쓰레기 약' 대신 흰 연꽃이나 양귀비 등 대중에 잘 알려진 자연물질을 약으로 사용했다. 그렇다고 쓰레기 약이라는 악습이 완전히 사라진 것은 아니었다. 11세기 스코틀랜드 왕을 모델로 한 작품이자 셰익스피어 4대 비극 중 하나인 『맥베스』에는 뱀 고기와 도마뱀 눈알, 상어 위장 등을 가마솥에 넣고 부글부글 끓여 만든 '미약'이 등장한다. 그로부터 수백 년이 지나서도 상황은 달라지지 않았다. 놀랍게도, 보일의 법칙을 정립해 '화학의 아버지'라는 명예로운 이름으로 불린 로버트 보일(1627~1691)은 질병 치료에 '벌레, 말똥, 인분, 시신의 두개골에서 자란 이끼를 섞은 물질' 등을 사용할 것을 권했다. 그뿐만이 아니다. 18세기 초, 영국 런던의 『약전』(의약품의 품질 규격서)에는 사형수의 두개골이 '의약품'으로 버젓이 기록되어 있을 정도다. 그러고 보면, '쓰레기 약'의 전통은 인류 역사 속에서 우리가 생각하는 것보다 훨씬 오랫동안 살아남았던 모양이다.

불로불사의 약 '금단'이 당나라를 멸망시킨 주범이다?

그렇다면 동양의학은 어땠을까? 먼저, 전설의 고대 중국 제2대 황제 신농씨(神農氏)를 특별히 주목할 필요가 있다. 신농씨는 중국 의학과 농업의 창시자로 추앙받는 인물이다. 그는 산과 들을 다니며 온갖 식물을 이빨로 씹고 혀로 핥으며 독성과 약효의 유무를 몸소 확인했다고 전해진다.

신농씨는 중국뿐 아니라 일본에서도 '의학의 신'으로 받들어진다. 그뿐만이 아니다. 오사카의 도쇼마치(과거 약령시장이 서던 약재 거리로, 지금도 많은 제약기업의 본사가 있는 곳—옮긴이)에서는 지금도 매년 '신농제'를 지낸다(이 점에서 우리나라도 예외는 아니다. 우리나라에서 신농씨는 '농업의 신'으로 섬겨져왔으며, 삼국시대부터 선농제를 지냈다는 기록이 『삼국사기』 등의 문헌에 남아 있다. 그 구체적인 예로, 서울 지하철 1호선 제기역 근처에 있는 선농단은 조선 시대에 신농씨(선농씨)에게 제사를 지내는 제터로 만들어진 곳이다. 우연의 일치일 수도 있겠지만, 신농씨를 모신 선농단 근처에 서울 최대 약령시장인 경동시장이 자리하고 있는 점도 재미있는 점이다.—옮긴이).

신농씨는 어디까지나 신화 속 인물이다. 약효가 있는 식물을 찾아 헤매다니며 고군분투했던 옛사람들의 모습을 신농씨라는 인물에 투영한 결과로 보아도 좋을 것이다.

신화에 따르면, 신농씨는 너무 많은 독초를 맛본 탓에 몸속에 엄청난 양의 독소가 쌓여 세상을 떠났다고 한다. 이 또한 의약품 연구를 위해 치러야 했던 많은 사람의 크나큰 희생을 상징하며 기리는 차원의 이야기로 이해하는 것이 맞지 않을까?

이어서 춘추전국시대로 접어들면 '오행설'이 등장한다. 오행설이란 만물이 목(木), 화(火), 토(土), 금(金), 수(水)라는 다섯 가지 기본원소로 이루어졌다는 이론이다. 이후 의학도 이 이론에 맞추어

얼개를 갖추어 나가며 발전해간다. 후한~삼국시대 무렵에는 앞서 소개한 신농씨의 이름을 빌린 『신농본초경(神農本草經)』이 완성되어 소개된다. 이 책은 365종의 약물을 상품(上品, 독성이 없고 오래 두고 먹을 수 있는 양명약(養命藥)), 중품(中品, 약이 되지만 자칫 독도 될 수 있는 양명약), 하품(下品, 독성이 강해 오래 두고 먹을 수 없는 치료제)의 세 종류로 나누어 해설한다.

『신농본초경』은 시간을 이겨내면서 차츰 새로운 주석이 달리고 증보 간행되며 오랜 세월 동안 '생약의 바이블'로 자리매김한다. 흥미로운 것은 『신농본초경』이 광물에서 유래한 의약품에 상당 부분을 할애한다는 점이다. 그중에서도 역사에 커다란 영향을 끼친 의약품은 『서유기』 등에도 나오는 '금단(金丹)'이라 불리는 불로불사약이다.

진시황제가 중국을 통일한 후 영원한 생명을 얻기 위해 백방으로 사람을 보내어 찾게 했다는 이야기는 널리 알려졌다. 천하를 제 뜻대로 주무를 수 있는 최고 권력자가 마지막으로 탐한 대상은 결국 '영원한 생명'이었던 셈이다.

옛사람들은 불로불사약을 광물을 이용해 만들 수 있다고 믿었던 것 같다. 그들은 왜 생명을 지닌 동식물이 아닌 무생물인 광물이 불로불사약의 재료가 될 수 있다고 믿었던 걸까? 동식물은 생로병사의 흐름에 따라 모습이 바뀌는 데 반해 광물은 시간이 오래 지나도 변하지 않고 원래의 모습을 유지하기 때문이다. 그들은 광물이 지닌 불변의 속성을 잘 활용하면 '불사의 길'을 열 수 있다고 굳게 믿었으며, 진시황제의 기행 또한 그런 잘못된 믿음에서 나온 행위였을 것이다.

그렇다면 구체적으로 어떤 광물이 불로불사약을 만드는 데 사용되었을까? 유황과 단사(丹沙, 수은으로 이루어진 황화광물로 붉은색 염료를 만드는 데 사용했다.—옮긴이) 등이 대표적이다. 이들 광물은 피와 흡사한 선명한 붉은색을 띠는 까닭이다. 당대의 사람들은 이 광물들을 마시면 영혼에 생기가 돌고 힘이 깃들어 무병장수할 수 있다고 믿었다.

과연 그럴까? 천만의 말씀! 유황은 비소 화합물, 단사는 수은을 포함한 화합물이다. 그러므로 이들은 당연히 강한 독성을 지닌 물질, 쉽게 말해 독극물이다. 불로불사는 커녕 다량으로 사용하면 즉사할 수도 있는 치명적인 물질들이다.

당나라의 역대 황제 중에는 지나치게 많은 양의 '금단'을 복용한 결과 사망에 이른 사례가 수없이 많다. 당의 11대 황제 헌종(憲宗)이 좋은 예다. 그는 안사의 난으로 기울어진 국력을 회복하기 위해 힘썼다. 그러나 정신 이상으로 환관의 손에 암살당하는 비극적인 최후를 맞았다. 정신 착란은 중금속 중독의 대표적 증상으로, 금단 과용이 헌종의 정신 이상 원인으로 추정된다. 당 16대 황제 선종(宣宗)도 사회 안정을 꾀하는 여러 정책으로 초기에는 나름대로 큰 성과를 거두었지만, 역시 금단 중독으로 쉰 살의 나이에 갑자기 세상을 떠났다. 이런 사례들로 보아 중국 역사상 최고 번영을 구가한 당이 종국에는 허무하게 무너진 배경에는 금단의 존재가 있었다고 해도 지나치지 않다.

불멸의 작곡가 슈베르트는 매독 치료에 사용한 수은 중독으로 죽었다는데

수은이 비단 중국에서만 귀한 의약품으로 대접받은 것은 아니었다. 16세기 무렵부터 수백 년 동안 수은은 매독 치료제로 널리 사용되었다.

당대의 사람들은 왜 수은을 특효를 지닌 의약품으로 받아들였을까? 그 이유는, 우선 수은의 희귀한 외관에서 찾을 수 있다. '은색으로 빛나는 액체'라는 독특한 외적 특성 덕분에 수은이라는 물질이 신비한 힘과 약효를 지녔다는 잘못된 믿음이 광범위하게 퍼져 있었다.

당대의 사람들이 수은을 지나치게 신뢰한 데에는 또 다른 이유가 있다. 수은은 끔찍하리만치 위험한 물질임이 틀림없지만 긍정적인 효능도 지니고 있다. 그중 하나가 '살균 효과'인데, 이 효능 덕분에 옴과 같은 피부병에는 실제로 탁월한 효과를 발휘한다. 16세기 이후 수백 년 동안 사람들이 수은을 매독 치료제로 거부감 없이 사용한 데에는 바로 '살균 효과'에 대한 과도한 신뢰가 있었다고 볼 수 있다.

사람들은 구체적으로 어떻게 수은을 약으로 사용했을까? 우선,

그들은 수은을 연고로 만들어 살갗에 바르거나
증기로 찌는 방식으로 흡입했다.
그 밖에도 그들은 염화수은 수용액을 먹는 등
다양한 방식으로 몸속에 수은을 투여했다.

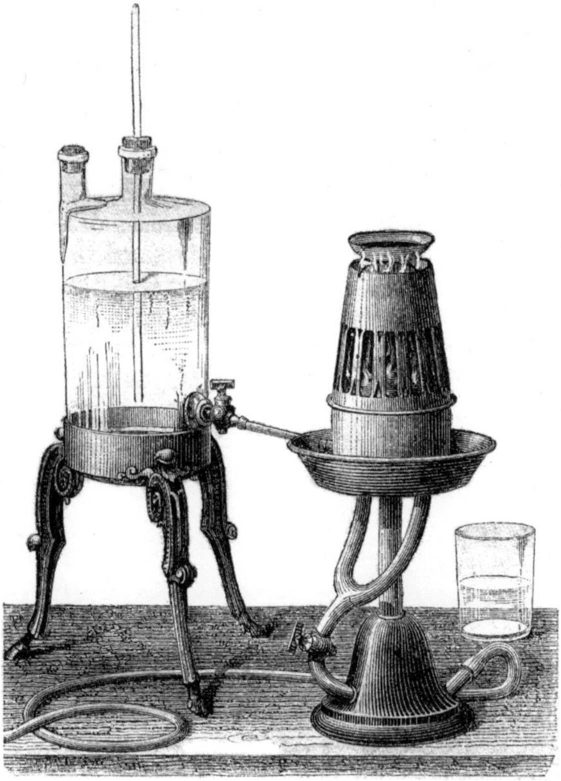

그들은 수은을 연고로 만들어 살갗에 바르거나 증기로 찌는 방식으로 흡입했다. 그 밖에도 그들은 염화수은 수용액을 먹는 등 다양한 방식으로 몸속에 수은을 투여했다. 놀랍게도 그들은 몸속 독을 좀 더 효과적으로 뽑아내기 위해 열이 나고 고름이 터져 진물을 흘리는 상태가 될 때까지 수은을 투여하기도 했다. 이때 나타나는 고열이나 종기와 같은 증상은 전형적인 급성 수은 중독 증상으로 볼 수 있다.

이렇듯 위험하기 짝이 없는 치료법의 희생양이 된 사람들은 동서고금을 통틀어 셀 수 없이 많다. 세계적인 작곡가 프란츠 슈베르트(1797~1828)와 로베르트 슈만(1810~1856)이 대표적인 사례다. 실제로 그들의 직접적 사인이 바로 매독 치료에 사용한 수은 중독이라는 주장이 단순한 주장을 넘어 거의 정설로 받아들여지고 있다.

당시 매독은 가장 치명적인 질병 중 하나였음이 틀림없지만, 그 병 자체보다 무리하고도 몰상식한 치료가 그들의 수명을 대폭 줄여놓았을 가능성이 크다. 역사에 가정은 없다지만, 만일 슈베르트가 수은 치료를 받지 않았다면 불후의 명곡인 〈교향곡 7번〉도 '미완성'으로 끝나지 않고 제대로 마무리되어 음악사를 좀 더 멋지게 장식하지 않았을까?

그런 까닭에 이 시대까지 의약품은 역설적이게도 '효능 있음'이 아닌 '효능 없음'으로 역사에 발자국을 뚜렷이 남긴 사례가 무수히 많다. 19세기 후반 무렵이 되어서야 의약품은 비로소 많은 사람의 생명을 구하고 평균수명을 연장하는 데 기여한다. 이 시대에 이르러 그런 일이 가능했던 데에는 세균학의 발달이 결정적인 역할을 했다.

통계학 발전이 의약품 효능 판정에 결정적 영향을 끼친 이유

지금까지 우리는 '쓰레기 약'으로 시작해서 도저히 효과를 기대하기 어렵거나 오히려 부작용이 더 큰 약들을 살펴보았다. 그렇다고 해서 옛사람들의 어리석음을 비웃거나 깎아내릴 의도는 전혀 없다. 왜냐하면, 그 시대에는 사람들이 그렇게 믿을 수밖에 없는 사정과 정황이 있었기 때문이다. 게다가 오랜 옛날부터 오늘에 이르기까지 변함없이 애용되는 우수한 전통 의약품도 적잖이 존재하기 때문이다.

다만 나는 약효보다 독성이 훨씬 강한 가짜 의약품이 오랫동안 여러 나라의 황제를 비롯해 수많은 사람의 생명을 빼앗아갔음에도 누구도 그 효능을 의심하지 않고 수백 수천 년 동안 중요한 약으로 사용해온 어리석음을 지적하고 싶을 따름이다.

대중에 잘 알려진 용어로 '플라세보 효과(Placebo effect)'라는 것이 있다. 효과가 전혀 없는 엉터리 약을 질병 치료에 잘 듣는다고 착각하고 믿어버리는 심리 및 습성을 일컫는 용어다. 이런 심리까지 더해져 인류는 '쓰레기 약'이나 '엉터리 약'에 아무런 효과가 없을 뿐 아니라 인체에 치명적인 해가 될 수도 있다고 판정 내리는 데에 수천 년의 긴 시간이 필요했다.

의약품의 효능 판정은 과학의 진보, 그중에서도 특히 통계학이 제대로 자리 잡은 후에야 의미 있는 방향으로 논의가 이루어지기 시작했다. 환자의 사인이 질병인지, 아니면 투여한 약물인지 등 어찌 보면 당연한 인과관계를 따지고 드는 행위가 근대의학의 첫걸음이 되었다고 해도 지나치지 않다.

아무튼, 그런데도 정보가 많아지고 과거 인류보다 훨씬 똑똑해진 현대인들도 의약품의 효능을 판정하는 데 필요한 능력을 충분하게 지녔다고는 말하기 어렵다. 약국을 한 바퀴만 둘러봐도 과학적으로 무의미하게 여겨지는 건강식품이 버젓이 팔리고 있는 게 현실이기 때문이다. 또한, 엄격한 임상시험을 거쳐 심사를 통과한 의약품조차 약효보다는 부작용이 더 크다는 판정이 내려져 판매가 중지되는 사례도 끊이지 않는다.

결국, 건강과 질병이라는 개념은 너무나 정교하고도 복잡해서 평범한 인간의 감각으로는 정확히 파악하기가 어렵다는 결론에 이르게 된다. 왜 우리 인간은 효과가 전혀 없는 약을 효과가 뛰어나다고 착각할까? 이어지는 장에서 우리는 약효 유무 판정을 내리는 방법이 어떻게 만들어지고 다듬어져 지금의 형태로 완성되었는지 좀 더 자세히 살펴보게 될 것이다.

02

VITAMIN C

세계사의 흐름을 결정지은 위대한 약, 비타민C

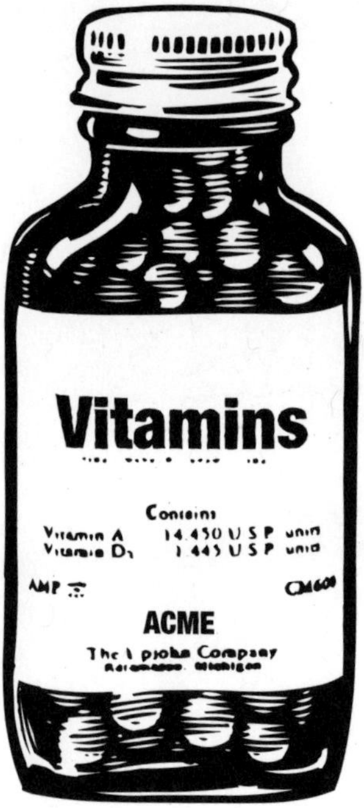
Vitamins
Contains
ACME

대항해 시대에 바다 사나이들이 풍랑이나 해적보다 두려워한 것은?

"비타민C가 의약품인 줄 아셨어요?"

이 질문에 "그럼요, 당연히 알고 있었죠!"라고 대답하는 사람은 뜻밖에도 많지 않다. 대다수 사람이 질문 의도를 제대로 이해하지 못하고 눈만 멀뚱멀뚱 뜬 채 바라보거나 의심스러운 눈초리로 정말이냐고 되묻는다.

비타민C는 틀림없는 의약품이며, 그 밖의 다양한 용도로 사용된다. 비타민C는 식품 첨가물이며, 음료수나 과자 등 다양한 식품 재료로 사용된다. 그런 까닭에 현대인에게는 의약품보다는 식품 성분, 기껏해야 영양제 정도로 인식되는 것이 사실이다. 그러나 비타민C는 일본 정부에서 펴낸 약전에도 이름이 올라 있는 어엿한 의약품이다.

비타민C는 인간이 생명을 유지하는 데 꼭 필요한 물질이다. 비타민C가 사람의 목숨을 구한 사례는 차고도 넘친다. 인류 역사 속에서 비타민C는 그저 여러 필수 의약품의 하나 정도가 아니라 때때로 세계사의 큰 흐름을 뒤바꾸어놓을 정도로 대단히 중요한 존재로 인정받을 만하다. 또한 비타민C의 역사는 '의약품의 효능'이라는 주제를 논할 때 더욱 흥미로운 문제를 제기한다.

인류 문화는 수많은 발명과 발견이 서로 맞물리고 충돌하는 과정을 겪으며 발전해왔다. 그중에서도 15세기에 시작된 '대항해 시대'는 세계적 규모의 문화 교류가 급속도로 진전된 시기였다. 변화의 물결은 아시아의 변방에 위치한 일본 열도에까지 다다랐으며, 전국시대의 흐름을 크게 뒤흔들어놓았다. 이 땅에 대포와 소총과 기독교가 전해지며 일어난 변화였다.

뱃사람들은 일곱 개의 바다를 오갔고, 세계 각지의 역사와 문화에 커다란 충격을 주었다. 거친 바다를 무서워하지 않는 강인한 뱃사람들이 가장 두려워했던 것은 무엇이었을까? 사나운 풍랑도 해적의 습격도 아니었다. 뱃사람들을 가장 큰 두려움에 떨게 했던 것은 뱃사람들만 걸리는 희한한 질병이었다. 그도 그럴 것이, 실제로 배 위에서 질병으로 죽는 사람이 난파나 전투 중 사망한 사람과는 비교도 되지 않을 만큼 훨씬 많았다고 한다. 그러고 보면, 뱃사람들이 거센 풍랑이나 해적보다도 질병을 더 두려워했다는 사실이 어느 정도 이해가 간다.

배 안에서는 많은 사람이 오랫동안 좁은 공간에서 서로 부대끼며 생활한다. 이런 환경에서 전염병이 발생하면 미처 손 쓸 겨를도 없이 배 전체를 무자비하게 휩쓸고 지나간다. 대항해 시대에 뱃사람들이 가장 두려워했던 질병은 페스트도 결핵도 아니었다. 오늘날에는 그 이름조차 듣기 힘든 '괴혈병'이라는 질병이었다. 이 무서운 병에 걸린 사람은 심각한 피로에 시달리며 차츰 쇠약해졌다. 손가락으로 살갗을 누르면 쑥 들어간 자국이 그대로 남아 있을 정도로 탄력을 상실했다. 그뿐만이 아니었다. 입에서는 쉴 새 없이 피가 흘렀고, 병든 닭처럼 시름시름 앓다가 천천히 죽어갔다.

괴혈병은 대항해 시대에 느닷없이 발생한 신종 질병이 아니었다. 이 병은 신석기시대 유적에서 발굴된 인골에서도 그 흔적이 발견될 정도로 매우 오래된 질병이다. 그 밖에도 괴혈병에 관한 기록이 역사적 문헌에 다수 남아 있다. 그 구체적인 예로, AD 9세기 무렵 바이킹들이 괴혈병에 걸렸다는 기록이 남아 있다. 13세기 십자군 사이에서도 괴혈병이 만연했다는 추정을 가능케 하는 기록이 전해진다. 다만 이 질병이 세계사 무대에서 집중 조명받은 시기는 대항해 시대에 접어들면서부터였다는 것이 정설이다. 즉, 항해 거리가 엄청나게 큰 폭으로 늘어난 이후부터 괴혈병은 전 세계적으로 활개를 치며 세력을 떨친 것이었다.

콜라겐은 일반적인 단백질과 달리 세 줄의 펩타이드 사슬이 얽힌 섬유 구조를 이루고 있다. 콜라겐 사슬에는 이 '삼중 나선'을 유지하기 위한 특별한 장치가 마련되어 있다. 프롤린(proline)이라는 아미노산에 산소 하나가 더부살이하듯 붙은 특수한 아미노산이 바로 콜라겐이다. 이 산소는 수소 결합력으로 사슬끼리 서로 연결되고 단단하게 맞물려 쉽게 풀어지지 않게 해주는 역할을 한다.

프롤린에 산소를 덧붙이는 과정은 화학적으로 상당히 복잡한 반응이다. 이 과정에서 비타민C는 그 반응을 돕고 원활히 진행하게 하는 역할을 한다. 한데, 비타민C를 식품으로 얻지 못하면 산소 결합이 일어나지 않으므로 결국 약한 콜라겐 섬유만 만들어진다. 콜라겐 결합이 느슨해지면 혈관과 잇몸조직이 약해져 잇몸이 헐고, 출혈이 생기며, 심해지면 치아 결손 등의 더욱 심각한 증상으로 이어진다. 괴혈병으로 고생한 기록을 늘어놓자면 밤을 새워도 모자랄 지경이다.

바스쿠 다 가마는 인류 역사상 처음으로 뱃길을 통해 인도에 도착해 유명해진 인물이다. 바스쿠 다 가마와 그의 일행이 아프리카 최남단 희망봉을 도는 시점에 이미 160명의 선원 중 100명 이상이 괴혈병으로 목숨을 잃었다. 여러 문헌에 "표류 중인 배를 발견해 올라가 보니 선원들이 괴혈병으로 전멸해 있었다"라는 식의 기록도 남아 있다.

18세기 중반에 이르러서도 사정은 나아지지 않았다. 영국 해군은 4년여에 걸쳐 항해하는 동안 1,000명 이상을 괴혈병으로 잃었다. 같은 기간에 전사한 승조원은 고작 4명에 불과했다. 괴혈병이 뱃사람들에게 얼마나 커다란 두려움의 대상이었는지 짐작하고도 남을 만하다.

이렇듯 괴혈병은 300년 가까운 긴 시간 동안 먼 거리를 항해하는 뱃사람들에게 가장 큰 두려움과 괴로움을 주는 대상이었다. 각 나라 해군은 심각한 고민과 논의 끝에 강제 징병으로 선원을 보충했고, 그중 절반이 도중에 사망해도 항해를 계속할 수 있도록 넉넉한 인원을 승선시켜야 했다.

괴혈병 예방법이 수백 년 동안 대중에 퍼져 나가지 못한 이유

괴혈병의 역사를 조사하는 과정에 나는 얄궂은 상황과 마주했다. 당대의 학자와 지식인들은 괴혈병을 막을 효과적인 방법을 알고 있었다. 한데, 무슨 이유에서인지 그 비법이 대중에 전파되지 않았다. 왜 그랬을까?

물론 당시에는 괴혈병에 특효약인 비타민C가 발견되지 않았다. 그러나 비타민C를 함유한 식품은 얼마든지 얻을 수 있었다. 구체적인 예를 들어보자. AD 5세기 무렵, 중국인들은 비타민C가 다량 함유된 생강이 괴혈병 치료에 효과적이라는 사실을 알고 있었다. 실제로, 당대의 중국인들이 장시간 항해할 때면 배에 생강 화분을 싣고 배 위에서 생강을 길러 먹으며 항해했다는 기록이 남아 있다.

1601년 동인도회사의 함대는 레몬 과즙을 잔뜩 싣고 출항했다. 이 배의 선장은 괴혈병 증상을 보이는 사람에게 레몬 과즙을 세 숟가락씩 마시도록 지시했다. 이 처방 덕분에 승조원들은 죽음을 피할 수 있었다. 그러나 다른 배에서는 전체 승조원의 약 4분의 1 정도가 희생되었다. 그 밖에도 레몬 과즙 효과로 괴혈병을 예방한 몇몇 사례가 기록에 남아 있다.

문득 한 가지 의문이 생긴다. '이렇게 간단하고 효과적인 대책이 널리 퍼져 나가지 못한 이유가 뭘까?' 첫째, 고대 그리스의 히포크라테스와 갈레노스가 제창한 '체액설'이 영향을 미쳤기 때문으로 보인다. 이 학설에 따르면, 해로운 물질을 섭취해 병에 걸릴 수는 있어도 필요한 물질이 부족해 건강을 잃을 가능성은 거의 없다. 괴혈병은 매독 등의 질병과 비슷한 증상을 보여서 구별도 쉽지 않았다. 끔찍하리만치 열악한 항해 환경도 병을 퍼뜨리는 데 톡톡히 한몫했다. 여기에 더해 나쁜 공기가 전염병을 일으킨다는 뿌리 깊은 믿음도 있었다. 이러한 여러 가지 사정이 복잡하게 얽혀 사혈, 수은, 바닷물, 식초, 유황 등을 이용한 온갖 사이비 치료법이 난무했다. 그중에는 괴혈병은 선원이 게을러서 생기는 병이라며 강제노동을 시켜야 한다는 궤변을 늘어놓는 사람도 있었다.

요컨대 당대에는 병의 원인과 치료법, 그 결과와의 관련성에 대한 정리와 연구가 제대로 이루어지지 않았다. 그랬기에 괴혈병이 만들어낸 비극은 쉽게 막을 내리지 않고 인류 역사라는 무대에서 그토록 오래 상연되었던 셈이다.

대항해 시대에 뱃사람들이
가장 두려워했던 질병은
페스트도 결핵도 아니었다.
오늘날에는 그 이름조차 듣기 힘든
'괴혈병'이라는 질병이었다.

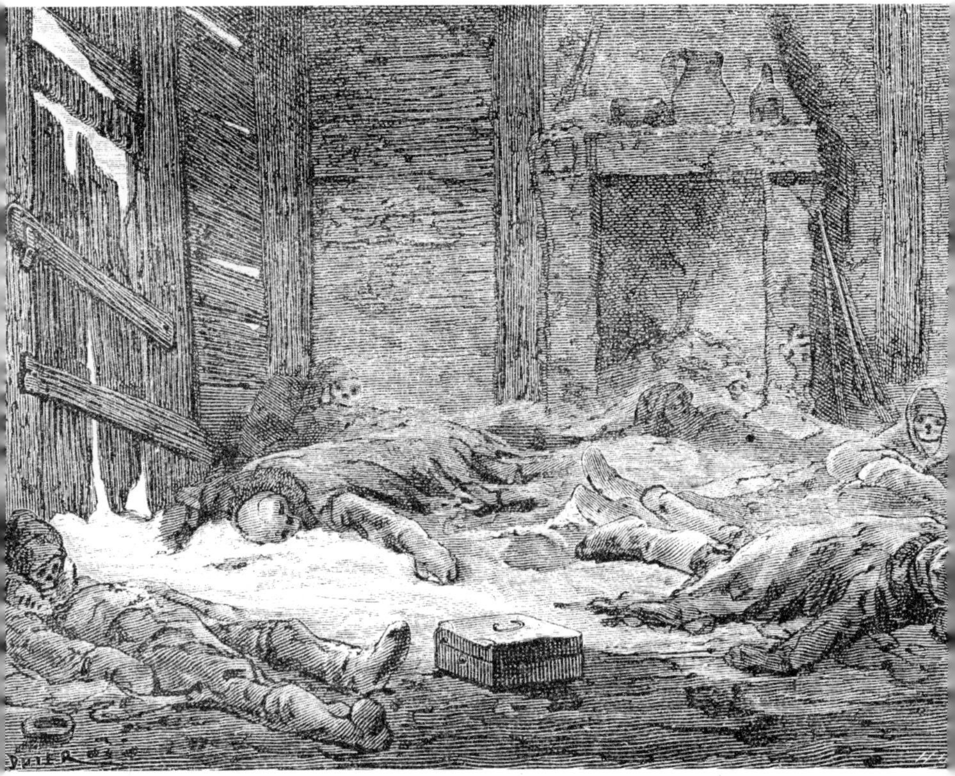

괴혈병이 만든 비극을 영원히 종식시킨 영웅, 제임스 린드

18세기 후반, 괴혈병이 만든 비극을 영원히 끝낸 영웅이 등장했다. 그의 이름은 제임스 린드(James Lind, 1716~1794), 영국 해군 소속 군의관이었다. 린드는 어떻게 그토록 무시무시한 질병인 괴혈병과의 싸움에서 승리할 수 있었을까?

1747년 제임스 린드는 효과적인 괴혈병 치료법을 찾기 위해 다음과 같은 실험을 했다.

1. 열두 명의 괴혈병 환자를 같은 장소에 모아놓고 매일 같은 식단을 제공한다.
2. 환자를 두 명씩 여섯 조로 나누어, 각각의 조에 사과 과즙과 황산염 용액, 식초, 바닷물, 마늘 등으로 만든 반죽과 오렌지 두 개, 레몬 한 개를 먹인다.

실험에 참여한 사람 중에는 증상이 나타났으나 실험식이 아닌 일반적인 식사를 지속한 사람도 있었다. 린드는 다양한 사례를 자세히 관찰하고 그 결과를 꼼꼼히 기록했다. 그로부터 엿새 후 실험 결과가 나왔다. 오렌지와 레몬을 제공한 병사는 병이 거의 완치되었으나, 사과 과즙을 마신 사람들은 미미하게 회복 조짐을 보였다. 그 밖의 다른 사람들은 증상이 전혀 나아지지 않았다. 이 실험으로 린드는 '감귤류는 괴혈병 특효약이다'라는 가설을 훌륭하게 증명해냈다.

현대인에게는 이 실험이 지극히 당연해 보이지만, 당시의 기준으로 보면 확실히 시대를 앞서간 획기적인 발상이었다. 린드는 다른 조건을 최대한 일정하게 조율하고, 비교 대상군과 같은 실험을 시행하여 무엇이 효과적인지를 판명해냈다. 린드의 문제의식과 결론은 당대는 물론이고 오늘날에도 전문가들과 대중에게 널리 인정받고 있다. 즉, 오늘날에도 린드가 고안한 실험을 거쳐야만 새롭게 도입한 의학 이론과 의료기구 등을 인정받게 된다. 이로써 우리는 제임스 린드의 발상과 실험이 얼마나 창조적이고 천재적이었는지를 짐작할 수 있다.

비타민C가 좀 더 일찍 발견되었다면 대영제국은 탄생하지도 않았을 것이다?

과일과 채소 위주의 식단으로 괴혈병을 예방할 수 있을까? 물론이다. 오늘날에는 상식에 속한다. 그러나 18세기 전반까지만 해도 이는 놀랍고도 충격적인 이야기에 가까웠다. 그러므로 과일과 채소를 활용한 괴혈병 예방법은 당시에는 상당히 획기적인 주장으로 받아들여졌으며, 처음에 사람들은 잘 믿으려 하지 않았다.

제임스 쿡 선장의 일화는 위의 지식과 노하우를 활용하여 성공을 거둔 대표적인 사례로 꼽힌다. 18세기 후반, 쿡 선장은 세계 일주에 성공했다. 놀랍게도, 그를 따르는 선원 중 단 한 사람도 괴혈병에 걸리지 않았다. 쿡 선장은 선원들에게 충분한 비타민C를 제공하기 위해 '사우어크라우트(Sauerkraut: 양배추 등의 채소를 절여 만드는 발효식품의 일종으로, 비타민C를 풍부하게 함유하고 있다)'를 활용했다.

구슬이 서 말이라도 꿰어야 보배인 법. 제아무리 획기적인 대책을 세워도 실천하지 않으면 의미가 없다. 처음에 실험 대상이 되었던 선원들은 사우어크라우트를 입에 대려고도 하지 않았다. 괴혈병 예방에 효과가 좋다고 설명하며 설득하려 해도 소용없었다. 과거에 맛본 적 없는 생소한 음식인 데다 식감도 별로 좋지 않았기 때문이다.

쿡 선장은 선원들의 심리를 활용한 특별 방법을 썼다. 그는 자신을 비롯한 간부용 식단에만 사우어크라우트를 메뉴로 올렸다. 그러고는 사우어크라우트를 아주 맛있게 먹는 모습을 보여주도록 간부들에게 지시했다. 그의 예상대로 '우리에게도 사우어크라우트를 달라'는 거센 항의가 선원들 사이에서 터져 나오기 시작했다. 일주일도 지나지 않아서였다.

쿡 선장은 사람의 심리를 날카롭게 파악하고 교묘히 조종할 줄 아는 사람이었다. 위의 일화 역시 그런 대표적인 사례 중 하나다. 그는 선원들의 심리를 정확히 간파하고 현명하게 대처하여 단 한 명의 괴혈병 사망자도 없이 성공적으로 기나긴 항해를 마쳤다. 그 결과 그는 하와이 제도를 발견했고, 뉴질랜드를 측량했으며, 유럽인 최초로 남극권에 진입하는 등 눈부신 업적을 세웠다.

역사에 가정은 없다지만, 만약 바스쿠 다 가마와 마젤란 일행이 쿡 선장처럼 괴혈병을 예방하는 방법을 알았더라면 세계 역사는 어떻게 달라졌을까? 아마도 그들은 인명 손실 없이 전 세계를 누비고 다니며 더 많은 신천지를 발견했을지 모른다. 그들의 고국인 스페인과 포르투갈은 향신료 무역에서 막대한 부를 얻어 세계를 제패했을 가능성이 크다. 영국은 '대영제국'이라는 화려한 이름으로 역사의 무대에 등장조차 하지 못했을 수도 있다.

그렇다. 영국이 19세기에 거의 모든 대륙에 식민지를 건설하고 전 세계를 주름잡으며 '해가 지지 않는 나라'로 군림할 수 있었던 데에는 '괴혈병 정복'이라는 중요한 역사적 배경이 있었다고 해도 지나치지 않다. 이 시기에 영국 해군은 괴혈병을 예방하기 위해 라임 주스를 배에 싣고 다니며 정기적으로 병사들에게 마시게 했다. 그 덕분에 라임 주스를 마시는 영국 해군에게 '라이미(Limey)'라는 별명이 붙을 정도였다.

라임 주스는 괴혈병에 확실히 효과가 있었다. 그렇다고 라임 주스가 특효약이나 만병통치약은 아니다. 괴혈병의 위협은 과거와 비교하면 한결 덜해졌지만, 여전히 무서운 병으로 받아들여졌다.

그 시대에는 괴혈병이 전염병이라는 믿음이 뿌리 깊게 자리하고 있었다. 심지어 영국 해군들 사이에서는 부패한 고기가 괴혈병의 원인이라고 믿는 사람도 여전히 존재했다. 그중 한 명이 로버트 스콧(Robert Falcon Scott)이었다. 스콧은 인류 최초로 남극점에 도달한 노

영국이 19세기에 거의 모든 대륙에 식민지를 건설하고
전 세계를 주름잡으며 '해가 지지 않는 나라'로
군림할 수 있었던 데에는 '괴혈병 정복'이라는
중요한 역사적 배경이 있었다고 해도 지나치지 않다.

르웨이 출신 탐험가 아문센과의 경쟁으로 유명해진 인물이다. 두 사람이 펼친 세기의 대결은 결국 아문센의 승리로 끝났다. 스콧이 패배한 가장 큰 이유는 '준비 소홀'이었다. 아문센 일행이 영양실조 및 질병에 대비해 충분한 대책을 세웠던 데 반해 스콧 탐험대의 준비는 소홀하고 엉성하기 짝이 없었다. 결국, 스콧 탐험대는 남극점 정복이라는 영예를 아문센 탐험대에 양보해야 했다. 설상가상으로 그들은 고국으로 귀환하는 도중 기력이 다하여 기지까지 겨우 18킬로미터를 남긴 지점에서 전멸하는 비극을 맞이했다. 1912년 3월의 일이었다.

몇 년에 한 번 찾아올까 말까 하는 지독한 악천후를 만난 것이 스콧 일행에게 닥친 가장 큰 불행 가운데 하나였다. 거기에 더해 비타민C 부족이라는 악재가 그들의 발목을 잡고 늘어져 끔찍한 대참사로 이어졌다. 이렇듯 비타민C는 세계사 현장의 구석구석에서 자신의 존재감을 과시했다.

20세기 초반 과학자들에게 '기독교 성배'처럼 여겨졌던 비타민C 발견 이야기

괴혈병의 원인을 완벽하게 규명하려면 어떻게 해야 할까? 효과적인 예방 성분인 비타민C를 식품에서 추출하여 실험을 통해 그 효과를 증명해야 한다. 헝가리 출신의 생화학자 알베르트 센트죄르지(Albert Szent-Gyorgyi)는 만만치 않은 이 과업을 완수했다. 센트죄르지의 성공 비결은 무엇이었을지 그의 파란만장한 인생 역정을 통해 살펴보자.

반나치 활동에 열정을 불태웠던 센트죄르지는 유력한 헝가리 대통령 후보로 거론될 정도로 대중들에게 인기가 높았다. 그러나 그는 평화와 민주주의를 위한 투쟁을 멈추지 않았다. 미국으로 망명한 센트죄르지는 베트남 전쟁 반대 운동에 헌신했다. 평생 그는 네 번이나 결혼(그중 두 번은 쉰 살 연하의 여성을 배우자로 맞았다)하는 등 개인사적으로도 질곡의 세월을 보냈다.

'인간은 당류와 단백질 등의 주요 영양소만으로 살아갈 수 없다.', '특정 미량화합물이 없으면 생명을 유지할 수 없다.' 20세기 초에 인류가 발견한 두 가지 사실이다. 비타민은 이 미량화합물 중 가장 중요한 요소다. 그런 터라, 비타민을 찾는 일이 20세기 초반 생화학에 부여된 주요 과제 중 하나였다.

과학자들은 수많은 실패와 좌절 끝에 버터에서 비타민A를, 쌀겨에서 비타민B_1을 분리하는 데 성공했다. 현대인의 관점에서 볼 때 비타민의 이름은 통일성 없이 제멋대로 붙인 것처럼 비치기 쉽다. 그러나 좀 더 내밀한 사정을 알고 나면 당대의 과학자들이 고군분투한 흔적이 비타민의 이름에 고스란히 남아 있다는 것을 확인할 수 있다.

세계 생화학자들의 표적은 괴혈병의 원인물질로 좁혀졌다. 1930년대에 들어서면서 나타난 뚜렷한 경향이자 흐름이었다. 세

번째 알파벳이 붙여질 새로운 비타민은 이 시대의 과학자들에게는 기독교의 '성배'처럼 여겨졌다.

그 무렵, 센트죄르지는 소의 부신피질에서 환원성 물질을 추출하는 데 성공했다. 그는 이 물질에 '미지의 당'을 의미하는 '이그노스'라는 이름을 붙였다. 그러나 그 이름은 논문지 편집자에게 '농담이 지나치다'라는 이유로 보기 좋게 퇴짜를 맞았다. 그러자 센트죄르지는 '가드노우스(godknows, 신만이 아신다)'라는 새로운 이름을 제안했다. 그의 독특하고도 집요한 성격을 엿볼 수 있는 흥미로운 일화 중 하나다. 아무튼, 그 이름도 논문지 편집자의 깐깐한 검열을 통과하지는 못했다. 결국, 신물질의 이름은 편집자 의견을 센트죄르지가 수용하여 '헥슬론산(아스코르브산)'으로 결정되었다.

센트죄르지는 이 물질이야말로 자신이 오랫동안 찾아온 괴혈병 원인물질이라고 생각했다. 그는 동물에게 하루 1mg가량의 '헥슬론산'을 먹이면 괴혈병을 예방할 수 있다는 사실을 실험으로 증명해냈다. 이 연구 성과는 1932년 전 세계적으로 가장 권위 있는 학술지인 《네이처(Nature)》에 실렸다.

한데, 센트죄르지 입장에서는 매우 충격적이고도 곤혹스러운 일이 일어났다. 그로부터 겨우 2주 전에 자신과 치열한 경쟁 관계에 있던 미국의 킹이라는 이름의 연구자가 같은 결과를 《사이언스(Science)》에 보고했다. 학술적 발견은 하루라도 빨리 발표한 사람의 몫으로 돌아가 승자가 모든 영광을 독차지한다. 킹에게 영광의 면류관이 쓰이게 된 것이었다.

나중에 밝혀진 사실이지만, 센트죄르지 입장에서는 인정하기 어려운 결과였다. 왜냐하면, 센트죄르지의 피땀 어린 연구 결과를 남몰래 킹에게 알려준 일종의 산업스파이가 있었기 때문이다. 킹은 그렇게 알게 된 연구 결과를 바탕으로 서둘러 논문을 완성했고, 괴혈병 원인물질을 역사상 처음으로 밝혀낸 과학자로 이름을 남기게 된 것이었다. 그렇다면 센트죄르지의 연구 결과를 킹에게 몰래 알려준 사람은 누구였을까? 센트죄르지의 공동 연구자로, 본래 킹의 제자였던 스비어벨리(J. L. Svirbely)가 범인이었다는 설이 유력하다.

괴혈병 원인물질을 밝혀내고 비타민C를 발견한 과학적 성과는 워낙 대단한 업적이어서 노벨상 수상이 결정되었다. 그러나 센트죄르지와 킹 두 사람 중 누구에게 그 상을 수여할지를 놓고 노벨상 위원회는 고민에 빠졌다.

1937년, 노벨상 위원회는 결국 센트죄르지에게 '비타민C 발견' 공적을 인정하여 노벨 생리학·의학상을 수여했다. 그러나 논란은 끊이지 않았다. 당시 노벨상 위원회가 유럽인에게 가산점을 주었기 때문이라는 지적이 제기되었기 때문이다. 지금도 미국에서는 킹을 비타민C 최초 발견자로 여기는 사람이 적지 않은 것이 사실이다. 이는 비타민B_1의 최초 발견자로 스즈키 우메타로 박사를 꼽는 일본인이 많은 것과 비슷한 상황이다.

비타민C의 역사를 좀 더 살펴보자. 1933년, 영국의 월터 노먼 하워스(Walter Norman Haworth)는 비타민C 구조를 명확히 밝혀냈다. 그는 헥슬론산의 이름을 '괴혈병에 저항한다'라는 뜻을 담아 '아스코

르브산(Ascorbic acid)'이라고 개명했다. 또한, 그는 저렴한 포도당에서 비타민C를 합성하는 데도 성공했다. 이러한 공적을 인정받아 하워스는 센트죄르지의 뒤를 이어 1937년 노벨 화학상을 받는 영예를 안았다.

비타민C의 속성이 밝혀지고 대량생산이 가능해지면서 일반인에게 좀 더 원활히 보급할 수 있는 길이 열렸다. 비타민C가 괴혈병을 예방하기 위한 물질 이외에도 매우 다양한 역할을 한다는 사실도 밝혀졌다. 비타민C는 산화되기 쉬운 성질이 있어 체내의 활성산소 등과 반응해 유해물질을 제거해준다. 또 식품 등이 공기 중의 산소와 만나 산화되는 현상을 막아주는 작용도 한다. 비타민C는 건강식품, 영양제, 첨가물 등으로 널리 애용된다. 오늘날까지 이어진 이러한 비타민C 열풍에 결정적으로 공헌한 어느 위대한 과학자가 있었음을 기억해야 하지 않을까!

위대한 화학자 라이너스 폴링이 인생 말년에 비타민C 연구에 빠져든 이유

뉴턴, 아인슈타인, 호킹 등의 이름은 과학과 인연이 없는 일반인이라도 모르는 사람이 없을 정도로 유명하다. 그러나 안타깝게도 화학 분야에는 누구나 다 아는 천재라 불리는 인물은 찾아보기 힘들다. 그렇다고 인재가 없는 건 아니다. 가령 미국의 라이너스 폴링

(Linus Carl Pauling)은 일반인에게는 지명도가 다소 떨어지지만, 그의 공적은 다른 천재 과학자들과 비교할 때 전혀 뒤지지 않는다.

폴링은 1954년 노벨 화학상을 받았다. 다른 한편으로 그는 전 세계 화학자들을 이끌고 원자 및 수소폭탄 금지 운동에 열정적으로 나섰고, 그 헌신과 공로를 인정받아 1962년 노벨 평화상까지 받았다.

평생 노벨상을 두 번이나 단독으로 받은 일은 라이너스 폴링의 사례가 그야말로 전무후무하다(폴링 이외에 노벨상을 두 번 받은 사례로 마리 퀴리가 있지만, 퀴리는 첫 번째 노벨상을 남편인 피에르 퀴리와 함께 공동으로 받았고, 두 번째 노벨상을 단독으로 받았다.—옮긴이). 더욱 놀라운 것은, 라이너스 폴링은 또 한 번 노벨상을 받을 뻔한 절호의 기회를 다른 학자에게 과감히 양보한 일이 있었다는 점이다. DNA 구조 결정 경쟁에서 정치적인 이유까지 얽히게 되면서 그는 제임스 왓슨(James Dewey Watson)과 프랜시스 크릭(Francis Harry Compton Crick)에 노벨상 수상의 기회를 양보했다. 이 통 큰 양보가 없었더라면 노벨 생리학·의학상도 그의 몫이 되었을 가능성이 크다. 원자역학, 화학, 생물학을 아우르는 폴링의 업적은 내로라하는 천재들이 즐비한 과학사에서도 찬란한 빛을 내뿜는다.

누구나 인정하는 20세기 최고의 화학자 라이너스 폴링은 예순다섯 살 무렵에 뜬금없이 비타민C 연구에 빠져든다. 그는 왜 갑자기 비타민의 세계에 몰입하게 되었을까? 그의 강연을 들은 어느 생화학자가 보낸 한 통의 편지가 계기가 되었다고 한다. 그 편지에는 "앞으로 날마다 다량의 비타민C를 섭취하면 선생님은 앞으로 적

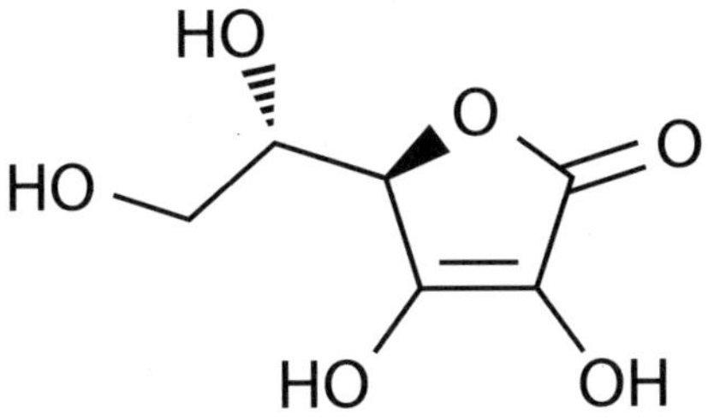

L-Ascorbic acid (C)

비타민C의 속성이 밝혀지고
대량생산이 가능해지면서
일반인에게 좀 더 원활히 보급할 수 있는 길이 열렸다.
비타민C가 괴혈병을 예방하기 위한 물질 이외에도
매우 다양한 역할을 한다는 사실도 밝혀졌다.

어도 50년은 더 사실 수 있을" 거라는 내용이 적혀 있었다고 한다. 폴링은 그 편지를 계기로 비타민C를 광신적으로 신봉하는 '비타민C교 신자'로 거듭났다.

복잡한 분자 구조를 누구보다 열정적으로 연구하여 정확히 해명해냈던 화학자. 초강대국 미국 정부를 상대로 한 투쟁에서도 전혀 주눅 들지 않고 당당하게 맞서 싸웠던 과학자이자 사회운동가. 놀랍게도, 그런 그가 말년이 다 되어 기묘한 건강법 개발과 선전에 빠져들었다.

라이너스 폴링은 그때까지 변변한 영양학 연구에 제대로 매진해본 적이 없었다. 그런데도 그는 다량의 비타민C를 꾸준히 먹으면 감기나 독감에 걸리지 않고, 암도 예방할 수 있다고 공공연하게 주장하고 다녔다. 일반적으로 알려진 비타민C 하루 필요량은 1g(1,000mg) 정도다. 폴링은 6g(6,000mg)에서 18g(1만 8,000mg)을 섭취하라고 권장했는데, 거기서 그치지 않고 몸소 엄청난 양의 비타민C를 먹기도 했다.

비타민C는 각종 바이러스성 질환에서 정신병에 이르기까지 다양한 질병의 특효약으로 인정받게 되었다. 또한, 라이너스 폴링이 일반인을 대상으로 출간한 비타민C 관련 서적은 베스트셀러 반열에 올랐다. 한술 더 떠 폴링은 비타민C의 효능을 부정하는 의견을 값비싼 약을 팔아치우기 위한 제약회사의 음모로 치부하며 맹공을 퍼부었다.

그러나 다른 연구자들이 시행한 다양한 임상시험 결과는 폴링의 이론을 완전히 뒤집어엎는 내용으로 채워졌다. 폴링은 조작된 결과를 게재한 사기꾼 집단이라며 학술지 편집부를 반쯤 협박하다시피 했지만 명백한 실험 결과를 뒤집어놓을 수는 없었다. 안타깝게도, 폴링은 반평생 쌓아온 믿음과 명예를 자기 손으로 야금야금 무너뜨려 버린 셈이었다.

결국, 비타민C로 암을 예방할 수 있다는 주장을 정면으로 반박하듯 폴링의 아내 에바는 위암으로 세상을 떠났고, 자신도 전립선암으로 인생을 마감했다. 그렇기는 하나 폴링 자신은 93세의 나이로 세상을 떠나기 직전까지 논문을 발표하며 왕성하게 활동했으니 적어도 비타민C 다량 섭취가 몸에 그다지 큰 해가 되지는 않았던 모양이다.

문득 '라이너스 폴링처럼 위대한 과학자가 왜 그토록 기묘한 이론에 빠져들었을까?'라는 의문이 생긴다. 우리 같은 일반인의 관점으로는 이해하기 어려운 일이 아닐 수 없다. 하긴, 이런 일이 폴링에게만 있었던 것은 아니었다. 인류 역사상 가장 위대한 천재 과학자 중 한 명인 아이작 뉴턴도 만년에는 연금술에 깊이 빠져 25년이라는 긴 세월을 연구실에 틀어박혀 허비했기 때문이다.

천재라는 족속은 평범한 사람과는 전혀 다른 차원의 힘과 에너지를 지닌 사람들인 것 같다. 어쩌면 그들은 방향이 조금만 달라져도 자칫 와르르 무너지고 마는 매우 섬세하고도 까다로운 생물인지 모르겠다.

라이너스 폴링이 주장한 '비타민C 만능론'은 오늘날에도 주류

의학계에 의해 정식 이론으로 받아들여지지 않고 있다. 비타민C는 수용성이 높아 필요 이상으로 섭취해도 몸 밖으로 배출되기에 특별한 효과를 기대하기 어렵다는 것이 그 이유다. 그러나 건강식품 회사들은 폴링을 지금도 신처럼 떠받들며, 광고에 보란 듯이 "노벨상을 두 번이나 받은 천재가 실천했던 건강 이론!"이라는 카피를 활용하여 요란하게 홍보한다.

사실 어떤 분야에서 훌륭한 성과를 거둔 인물이 다른 분야에서 기묘한 이론에 빠져든 사례는 폴링 이외에도 많다. 서른세 살의 젊은 나이에 노벨 물리학상을 받은 브라이언 조지프슨(Brian David Josephson)은 노벨상을 받은 이후 심령현상 연구에 몰두한 바 있다. 제11장에 등장할 뤼크 몽타니에(Luc Montagnier, 2008년 노벨 생리학·의학상 수상)는 자기장으로 DNA가 순간이동(Teleport)한다는 이론을 발표해 세계 과학자들이 실소를 자아내게 했다. 노벨상을 받은 쟁쟁한 과학자나 교수, 혹은 박사라는 칭호를 갖고 있다고 해서 무조건 그 사람이 하는 말을 믿어서는 안 된다는 단순하고 소박한 진리를 항상 명심해야 한다.

다른 한편으로 비타민C의 새로운 생리작용이 오늘날에도 끊임없이 발견되어 그 성과가 세계적인 학술지의 표지를 장식하곤 한다. 대항해 시대가 시작된 후 500년이 넘게 지난 오늘날까지도 인류는 비타민C에 관해 완벽히 밝혀내지 못하고 있다. 그런 터라, 비타민C의 진정한 효과는 아직 제대로 평가하지 못하고 있다고 할 수 있다.

놀라울 정도로 해가 적고, 불과 20개의 원자로 이루어진 이 작은 화합물을 둘러싸고 여전히 전 세계가 우왕좌왕하고 있다. 그러고 보면, 비타민C야말로 의학이라는 분야를 제대로 이해하고 평가하는 일이 얼마나 어려운지 보여주는 적절한 사례가 아닐까?

인류 절반의 목숨을 앗아간 질병 말라리아 특효약,

퀴닌

중국 최고의 명군 강희제의 목숨을 구한 약, 퀴닌

중국 역사를 통틀어 가장 위대한 군주를 한 사람만 꼽아보라고 한다면, 그는 누구일까? 역사 마니아들 사이에 잊을 만하면 튀어나와 불꽃 튀는 설전을 유발하는 단골 주제다. 청나라 제4대 황제인 강희제(康熙帝, 1654~1722)는 이 주제가 나올 때마다 약방의 감초처럼 빠지지 않고 등장하는 인물이다. 강희제는 용상보다 엄마 품이 더 익숙한 여덟 살의 나이에 왕위에 올라 내정과 외정 모두 괄목할 만한 성과를 거두었다. 또한, 그는 『강희자전(康熙字典)』을 편찬하는 등 문화 사업에도 힘을 쏟았다. 강희제는 300년 가까이 이어진 청 왕조의 기반을 실질적으로 닦은 인물로, 오늘날에도 여전히 명군으로 추앙받고 있다.

강희제의 재위 기간은 보통사람의, 그것도 비교적 장수한 사람의 한평생에 해당하는 기간인 무려 61년에 달한다. 이는 역대 중국 황제를 통틀어 최장 기록이다. 그는 어떻게 60년 넘게 제위에 올라 그토록 대단한 업적을 세워 역사상 최고 명군 중 하나로 남을 수 있었을까? 여기에는 여러 가지 비결이 있겠지만, 그중에서 건강 요인 역시 빼놓을 수 없다고 본다. 왜냐하면, 제아무리 정치적 역량이 뛰어나고 민심을 읽고 다루는 능력이 탁월한 황제라도 무병장수하지 못하면 자신의 재능을 펼쳐서 업적을 세우기 어렵고 장기적인 정권 안정도 바랄 수 없기 때문이다. 그러므로 그러한 여러 요소와 자질에다 건강한 육신까지 더해져야만 명군에게 필요한 덕목을 비로소 제대로 갖추었다고 할 수 있다.

강희제는 명군에게 요구되는 다양한 요소를 두루 갖춘 왕이었으며, 건강 면에서도 그러했다. 그러나 이 위대한 황제에게도 건강의 치명적인 위기가 찾아온 적이 있다. 첫 번째 위기는 마흔 살에 떠난 원정길에서 말라리아에 걸리면서 맞이했다. 그 바람에 그는 일시적으로 상태가 위독해졌다. 운 좋게도 그는 예수회 선교사가 진상한 특효약 덕분에 목숨을 건질 수 있었다.

전쟁이 한창일 때 국가의 대들보인 황제가 쓰러지기라도 하면 제국의 운명은 거센 바람 앞의 등불보다 더 위태로워진다. 중병에 걸려 시름시름 앓는 부왕에게 병문안 온 황태자는 황제의 옥체를 염려하기는커녕 이제 곧 자신이 황위에 오른다는 생각에 희색이 만면했다고 한다. 철석같이 믿었을 자식이자 머지않아 황위를 물려줄 황태자의 이런 반응을 보며 강희제는 무슨 생각을 했을까? 우선 인간적으로 보면, 아픈 것도 서러운데 피붙이의 그런 배은망덕하고 사려 깊지 못한 반응을 보며 서운함을 넘어 정나미가 뚝 떨어지지 않았을까? 동시에 그는 자신의 뒤를 이어 거대한 제국을 이끌고 가야 할 차기 황제로서의 황태자의 못난 자질과 작은 그릇에 크게 실망했을 것이다.

당연한 결과지만, 황태자는 이 사건으로 부왕의 신뢰를 잃고 폐위 위기에 내몰린다. 미운털이 박힌 원래 황태자를 대신해 차기 황제의 자리에 오른 이는 옹정제(雍正帝)인데, 강희제의 판단이 적중하여 그 역시 명군의 반열에 오른다. 그리고 그의 아들인 건륭제(乾隆帝)를 거치며 청은 바야흐로 전성기를 맞이한다. 이렇듯 강희제가 말라리아에 걸린 사건은 여러 의미에서 하나의 뚜렷한 역사적 전환점이 되었던 셈이다.

삼도천(三途川: 불교에서 말하는, 사람이 죽어서 저승으로 가는 도중에 있는 큰 내 —옮긴이) 강가를 거닐며 생과 사의 경계를 넘나들던 강희제의 목숨을 구한 특효약이 바로 이번 장의 주인공인 '퀴닌'이다. 말라리아에서 회복한 강희제는 이후 서양 학문에 경도되었다. 그런 터라, 그는 퀴닌을 바친 선교사들에게 중국 역사상 처음으로 웅장한 가톨릭 성당 짓는 일을 허가했다. 퀴닌의 놀라운 효능이 황제의 마음을 단숨에 사로잡은 순간을 생생하게 보여주는 역사의 한 장면이다.

말라리아, 절대권력자 투탕카멘 왕과 알렉산드로스 대왕도 쓰러뜨리다

말라리아는 아노펠레스(Anopheles)라는 모기의 일종이 감염 매개가 되어 일으키는 전염병이다. 모기가 사람의 피를 빨 때 타액선에 숨어 있는 말라리아 원충이라는 단세포생물이 혈액으로 침투하여 말라리아를 일으킨다. 말라리아 원충은 먼저 간세포로 들어가 증식한다. 그런 다음 적혈구로 잠입해 적혈구를 파괴한다. 환자는 간헐적으로 40도를 오르내리는 고열에 시달리고, 자주 의식이 혼미해지거나 황달 등의 증상이 발생해 끝내 사망에 이른다.

말라리아는 현재진행형인 질병이다. 오늘날에도 아프리카를 중심으로 매년 무려 3억~5억 명의 말라리아 환자가 발생하는데, 이 중 100만 명 이상이 목숨을 잃는다. 이 수치는 최근 몇 년 사이에 감소하는 추세지만, 지금도 에이즈 · 결핵과 함께 '세계 3대 감염병'의 지위를 유지하고 있다. 말라리아는 실로 무서운 병이다. 지금까지 태어난 인류의 절반은 말라리아로 사망했다고 주장하는 연구자도 있을 정도다.

말라리아는 아주 먼 옛날부터 존재했다. BC 14세기에 재위했던 이집트 투탕카멘왕의 사인이 말라리아였다고 주장하는 학자도 있다. 정복자 알렉산드로스 대왕은 원정에서 돌아오던 길에 말라리아로 쓰러졌다. 불후의 고전 『신곡』을 남긴 시인 단테와 영국의 독재자였던 크롬웰 역시 이 병에 걸려 영원히 돌아오지 못할 곳으로 떠났다고 한다. 일본에서는 다이라노 기요모리(1118~1181, 일본 헤이안 시대의 무장이자 명문 가문 출신으로 황실을 좌지우지했던 외척—옮긴이)와 잇큐 소주(1394~1481, 선종 일파인 임계종 승려로 서예에 조예가 깊었으며 자유분방한 언행으로 유명하다. 지금도 일본인들의 사랑을 받으며 각종 창작물에 단골로 등장하는 인물—옮긴이)도 이 병의 희생자였다(오래된 기록에서는 사인을 특정하기 힘든 사례도 많아 이에 대해서는 이견도 있다). 최근에는 마더 테레사가 두 번이나 말라리아에 걸렸는데, 결국 회복하지 못하고 여든일곱 살의 나이로 영면에 들었다.

오늘날 말라리아 유행 지역은 열대와 아열대 지역으로 국한된다. 그러나 희생자 목록을 보면 알 수 있듯, 과거에는 유럽과 일본에서도 맹위를 떨쳤다. 심지어 스웨덴이나 핀란드, 캐나다처럼 혹독한 겨울이 있는 곳에서조차 말라리아 발생 기록이 남아 있을 정도니 이 병의 영향을 받지 않은 민족은 지구상에 사실상 존재하지 않는다고 말해도 지나치지 않을 것이다.

훈족의 위협으로부터
서로마 제국을 구한 일등공신, 말라리아

고대부터 '세계의 수도'로 군림했던 로마는 사실 알고 보면 말라리아와 각별한 인연이 있는 도시다. BC 1세기 무렵에 활약했던 정치가 키케로는 이 도시를 '역병의 도시'라고 불렀다. 현재 바티칸

궁전이 자리한 곳 주변에는 로마 시대에 드넓은 늪지대가 자리하고 있었고, 그 바람에 모기 번식을 위한 최적의 조건을 갖추고 있었던 까닭에서다.

말라리아는 이탈리아어로 '나쁜 공기'를 뜻하는 'malaria'에서 비롯되었다. 다른 한편으로 말라리아는 로마인의 든든한 지원군이기도 했다. 서로마 제국 말기에 이탈리아반도를 휩쓸고 간 훈족은 교황 레오 1세의 설득과 회유로 평화적으로 철수했다. 이 사건은 가톨릭교회의 권위 확립에도 크게 이바지했다. 그런데 이 사건에는 세간에 잘 알려지지 않은 숨은 공로자가 있다. 그 주인공은 바로 말라리아다. 훈족이 갑자기 철수한 이유는 교황의 설득에 감화되었기 때문이라기보다는 내부에 창궐한 말라리아가 전력에 큰 손실을 끼쳐서라는 주장도 있다.

이후로도 로마에는 게르만 민족이 몇 번이나 쳐들어왔지만, 그때마다 말라리아라는 장벽에 가로막혀 '영원한 수도'를 손에 넣지 못했다. 말라리아는 로마인에게 커다란 위협이었던 동시에 이민족을 막아주는 강력한 방어벽이었던 셈이다.

이후로도 몇 번이나 말라리아가 일으킨 비극이 역사의 무대에 올랐다. 그러한 사례 중 하나로, 가톨릭의 최대 행사인 콘클라베(Conclave, 교황 선거 회의)가 비극을 상연하는 무대가 되고 말았다는 점이다. 콘클라베는 세계 각지에서 모인 추기경들이 성당에 틀어박혀 외부의 간섭을 받지 않고 결정이 내려질 때까지 투표를 반복하는 방식으로 이루어진다.

말라리아는 실로 무서운 병이다.
지금까지 태어난 인류의 절반은
말라리아로 사망했다고
주장하는 연구자도 있을 정도다.

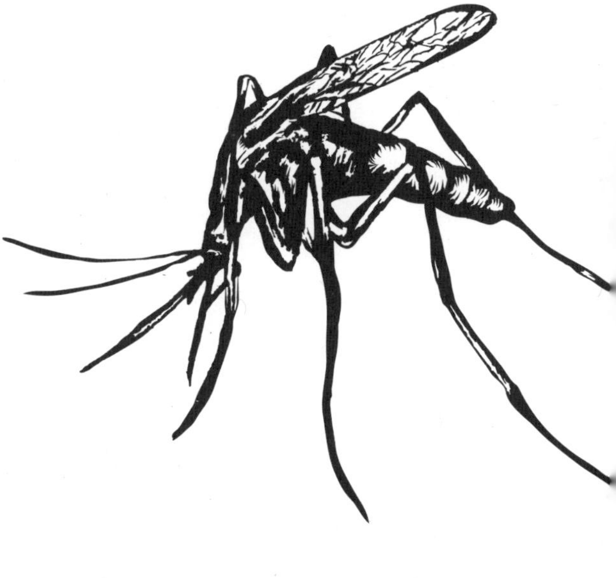

그러나 바티칸은 본래 늪지대, 모기가 발생하기 딱 좋은 서식 조건을 갖추고 있다. 늪지대 위에 세워진 성당에 먹잇감이 되는 사람들이 한자리에 모여 우글거리고 있는 셈이니, 모기들에게는 잘 차려진 잔칫상이나 다름없었다. 콘클라베라는 행사 자체가 말라리아가 창궐하기 안성맞춤인 환경을 만들어준 것이다.

말라리아에 희생된 비극의 주인공 중 하나로 1048년에 선출된 교황 다마소 2세가 있다. 그는 교황으로 선출된 후 불과 23일 만에 말라리아로 선종했다. 더 심한 경우도 있다. 1590년 우르바누스 7세는 교황에 선출된 지 2주도 되지 않아 세상을 떴다. 이로써 그는 역대 최단 교황 재위 기록을 달성했다.

최대 비극은 1623년 콘클라베에서 발생했다. 선거를 위해 모인 추기경 중 10명이 말라리아에 걸렸고, 그중 8명이 사망했기 때문이다. 게다가 가장 유력한 후보였던 보르게세 추기경도 중태에 빠져 입후보를 단념하며 사람들은 대혼란에 빠졌다. 최종적으로 선출된 우르바누스 8세도 말라리아에 걸리기는 했지만, 어찌어찌 살아남아 재선거 위기를 모면했다. 아마도 다른 추기경들은 그 덕분에 말라리아를 피해갈 수 있게 되었다며 가슴을 쓸어내리지 않았을까?

말라리아의 '바티칸 사랑'은 애틋하다는 생각이 들 정도다. 인노켄티우스 3세, 알렉산데르 6세, 율리우스 2세, 레오 10세 등 역사에 이름을 남긴 교황들이 모두 이 병으로 세상을 떠났기 때문이다(이 밖에도 몇 명 더 있지만, 그들의 경우 암살설도 분분하다).

비교적 신뢰할 수 있는 기록이 남아 있는 10세기 이후의 교황 약 130명 중 말라리아 또는 열병이 사인으로 추정되는 교황은 22명이 넘는다고 한다. '신의 대리자'도 말라리아의 위협만은 비껴가기 어려웠던 모양이다.

퀴닌이 '예수회 가루'라는 이름으로 불리게 된 까닭

대항해 시대를 맞이하며 아메리카 대륙으로 포교를 떠난 선교사들에게도 말라리아는 무서운 적이었다. 그런데 페루에는 이 병의 특효약이 존재했다. 그것은 바로 높은 지대에 자라는 '키나 나무(Cinchona ledgeriana Moens)'로, 그 껍질이 말라리아에 효험이 있다. 속설에 따르면, 말라리아에 걸린 사람이 갈증에 시달리다가 키나 나무 둥치에 고인 샘물을 마시자 마법처럼 열이 내려가며 병이 나았다고 한다.

이 기적적인 약효를 발휘하는 나무껍질은 17세기 중반에 선교사들의 손에 들려 유럽으로 들어갔다. 그 후 이 나무껍질은 가루 형태로 가공되어 '예수회의 가루'라는 이름으로 불렸다. 이 기적의 가루 덕분에 1655년 콘클라베는 장장 석 달을 끌었지만, 말라리아로 인한 단 한 명의 희생자도 없이 무사히 마쳤다. 그 밖에도 이 가루 덕분에 목숨을 구한 사람 중에는 영국 왕 찰스 2세와 프랑스 왕 루이 14세의 왕자도 있다. 그리고 약 반세기 후에는 강희제의 목숨을

구하고 청 왕조의 운명을 바꾸어놓았으니 '예수회의 가루'가 세계사에 미친 영향은 실로 대단하다 할 만하다.

키나 나무에 포함된 약효 성분이 바로 '퀴닌'이다. 퀴닌은 화학물질로 전염병을 치료한 인류 최초의 성공 사례이기도 하다. 퀴닌은 어떻게 말라리아를 퇴치할까? 퀴닌은 말라리아 원충의 생태 주기를 차단하고 증식을 방지하는 작용을 한다.

퀴닌의 약효가 검증되자, 퀴닌을 함유한 건강 음료를 포함한 다양한 제품이 개발되었다. 예컨대, 키나 나무 등의 약초에서 추출한 액체에 탄산을 첨가해 마시기 쉬운 형태로 만든 제품이 바로 '토닉 워터'다. 진 토닉이 지닌 씁쓸한 맛이 여기에 녹아 있는 퀴닌에서 나온다(퀴닌이 모든 나라에서 자유롭게 사용되는 것은 아니다. 나라마다 국가 정책에 따라 차이가 큰데, 일본의 경우 퀴닌 성분이 극약으로 지정되어 있다. 그러므로 일본에서 시판되는 토닉 워터에는 퀴닌이 들어가지 않는다).

진 토닉은 제국주의 국가의 침략 도구로 사용되기도 했다. 영국의 인도 식민지화의 사례가 여기에 속한다. 영국인은 진 토닉을 침략의 발판으로 삼아 인도를 식민 지배하는 데 성공했다는 이야기가 당대에도 공공연히 나돌 정도였다. 영국인들은 평소 진 토닉을 즐겨 마셔 말라리아라는 역병의 마수에서 벗어난 덕분에 인도라는 거대한 나라를 집어삼킬 수 있었다는 이야기다. 이렇듯 신대륙에서 유럽으로, 유럽인의 손에 들려 다시 아시아로 건너온 퀴닌은 지구를 한 바퀴 돌아 서구열강의 제국주의를 보이지 않는 곳에서 든든히 뒷받침한 버팀목 역할을 담당했다.

천재 소년 화학자 윌리엄 퍼킨과 퀴닌 인공 합성에 얽힌 이야기

키나 나무껍질이 귀중품이 되자, 품질이 떨어지는 제품과 가짜 상품이 판을 치기 시작했다. 또 짧은 기간 동안 수만 그루의 키나 나무가 벌목되어 자원 고갈 문제도 매우 심각해졌다. 묘목을 어찌어찌 유럽으로 가져와 재배하려는 시도가 있었지만, 안타깝게도 성공하지는 못했다. 인도와 스리랑카, 인도네시아 자바섬 등에서 대규모 재배에 성공하기는 했지만, 훨씬 나중인 19세기 후반에 들어와서다.

공급이 수요를 따라가지 못할 지경에 이르자, 키나 나무에서 순수한 약효 성분만 분리하거나 약효 성분을 인공적으로 합성하려는 노력이 시작되었다. 퀴닌 성분을 분리하는 데 최초로 성공한 사람은 프랑스 출신의 피에르 조제프 펠레티어(Pierre Joseph Pelletier)와 조제프 카방투(Joseph Caventou)다. 1820년의 일이었다. 이때 얻어진 기념비적인 퀴닌 성분은 지금도 런던의 과학박물관에 전시되어 있다. 이후 말라리아는 나무껍질을 갈아 만든 분말제품 대신 퀴닌 결정으로 만들어져 치료제로 사용되었다.

어렵사리 제조에 성공했지만 퀴닌 부족 사태를 해결하기에는 역부족이었다. 1850년대에는 퀴닌의 인공 합성에 성공한 사람에게 4,000프랑의 상금을 준다는 공고까지 내걸렸다. 이때 일확천금을 노리고 연구에 뛰어든 이가 있었다. 영국 출신의 윌리엄 퍼킨

(William Henry Perkin)이 바로 그다. 놀랍게도, 퍼킨은 당시 열여덟 살에 불과한 소년 화학자였다.

퀴닌의 올바른 화학식은 $C_{20}H_{24}N_2O_2$지만, 당시에는 이 절반에 해당하는 $C_{10}H_{12}NO$라고 추측했다. 퍼킨은 이에 근접한 화학식을 지닌 화합물인 알릴톨루이딘을 원료로 활용해보기로 했다. 알릴톨루이딘의 화학식은 $C_{10}H_{13}N$이므로 산소를 하나 더하고 수소를 하나 빼면 충분히 만들 수 있다고 판단했기 때문이다.

산소를 더하고 수소를 빼앗는 힘은 산화제에 있는 다이크로뮴산칼륨이다. 퍼킨은 이 둘을 섞어 가열하면 퀴닌을 만들 수 있다고 생각했다. 그러나 퀴닌 구조는 생각보다 복잡해서 필요한 원자 수를 합치는 것만으로는 원하는 결과를 얻을 수 없다.

이는 비유하자면, 톱니바퀴와 나사를 필요한 수만큼 그러모아 냄비에 넣고 휘휘 저어서 시계를 만들려는 것과 마찬가지다. 현대인의 시각으로 보면 무모하기 짝이 없는 시도임이 틀림없다. 그러나 당시만 해도 원자나 분자 등의 개념조차 확립되지 않았던 시절이다. 그 점을 고려하면 퍼킨의 발상과 시도를 '엉터리'라고 매도할 수만은 없다고 본다.

이제 천재 소년 퍼킨이 진가를 발휘할 대목이 왔다. 퍼킨은 여러 번의 실패에도 굴하지 않고 조건을 조금씩 바꾸어가며 실험에 실험을 거듭했다. 그 결과, 퍼킨은 시커먼 타르처럼 보이는 덩어리를 얻었다. 그리고 그는 실험에 사용한 플라스크를 설거지하다가 세제가 영롱한 보랏빛을 띠는 광경을 목격했다. 시험 삼아 거기에 천을 담그자 아름다운 자줏빛으로 물들었다. 그는 이 물질을 자주색 염료로 사용할 수 있다고 직감했다.

퍼킨은 이 우연하고도 기적적인 발견의 기회를 놓치지 않고 염료회사를 세워 큰돈을 벌었다. 그가 개발한 염료는 빅토리아 여왕의 드레스에 사용될 정도로 큰 인기를 얻었다. 그의 성공을 보고 다른 회사들도 줄줄이 화학염료를 개발하여 염료업은 눈 깜짝할 사이에 거대산업으로 성장했다. 오늘날 유럽과 미국의 거대 화학기업과 제약회사 중에는 이 시대의 화학 염료회사에서 출발한 기업이 많다. 그러고 보면, 현대 화학 산업은 퀴닌을 찾던 소년의 무모한 실험을 주춧돌 삼아 발전한 셈이다.

태평양 전쟁의 판도를 바꿔놓은 말라리아

제2차 세계대전에서도 말라리아는 전쟁의 승패 열쇠를 거머쥔 존재나 다름없었다. 그 이유는 말라리아모기가 집중적으로 서식하는 남방지역이 주요 전장이 되었기 때문이다. 일본도 예외는 아니었다. 격전지가 되었던 오키나와에서도 말라리아가 크게 기승을 부렸기 때문이다.

원래 이시가키섬 북부와 이리오모테섬은 말라리아가 극성을 부리는 섬으로 유명했다. 한데, 전쟁 말기에 이르러 엄청난 공습을 받은 오키나와 본토에서 이들 섬으로 대대적인 대피가 이루어졌다.

게다가 말라리아가 존재하지 않았던 하테루마섬 주민도 강제로 이리오모테섬으로 대피하라는 명령이 내려졌다. 강제 대피령은 하테루마섬에서 기르던 소와 닭 등의 가축을 병사들의 식량으로 확보하기 위한 군의 방침에 따라 이루어졌다.

피난지로 내몰린 사람들은 줄줄이 말라리아로 쓰러졌다. 하테루마섬 주민 1,590명 중 대부분인 1,587명이 말라리아에 걸렸고, 그 중 477명이 사망했다는 기록이 있다. 야에야마 제도 전체에서는 전쟁으로 숨진 주민이 178명인데 비해 말라리아로 인한 사망자는 3,647명에 달했다. 오키나와 전투에서 결코 잊어서는 안 될 끔찍한 비극이 벌어진 것이었다.

한편 전쟁에서 승기를 잡은 미군들에게도 말라리아는 골칫덩이였다. 미군은 퀴닌을 입수하려고 안간힘을 썼지만, 당시 키나 나무 재배지역인 인도네시아는 일본군이 점령하고 있었다. 이는 미군에게 치명적인 약점이자 딜레마적인 상황이 아닐 수 없었다. 퀴닌 없이 남방전쟁에서 우위를 점하고 전쟁을 지속할 재간이 없기 때문이었다. 미국의 위신이 말이 아니었다. 그런 터라, 미군은 눈에 불을 켜고 퀴닌 공수 작전에 돌입했다.

이 시기, 퀴닌 연구에 상당한 진전이 있었다. 수많은 화학자의 노력에 힘입어 퀴닌의 부분 구조가 조금씩 밝혀졌기 때문이다. 그리고 1908년, 독일의 라베가 드디어 퀴닌 분자의 전체상을 그리는 데 성공했다. 펠레티어 등의 연구자들이 퀴닌을 분리하는 데 성공한 뒤 88년째 되던 해였다(참고로 지금 퀴닌을 발견하면, 그 구조를 완벽하게 해명하는 데 하루면 충분하다고 한다).

그러나 퀴닌의 구조는 너무도 복잡해서 당시의 화학 수준으로는 인공 합성은 꿈도 꿀 수 없었다. 마침내 1942년 미국 하버드 대학교에 적을 둔 젊은 학자가 이 어려운 과제에 과감히 도전장을 던졌다. 2년여 동안 피땀 어린 노력 끝에 얻어낸 그의 눈부신 성공은 오늘날까지 전설처럼 전해진다. 사상 최초로 퀴닌 인공 합성에 성공한 이 학자의 이름은 로버트 우드워드(Robert Burns Woodward)로, 당시 스물일곱 살의 풋풋한 청년이었다.

우드워드의 이름은 '콜타르에서 마법의 약을 만들어낸 젊은이'라는 수식어와 함께 《뉴욕 타임스》 1면을 장식했다. 그는 하룻밤 사이에 전 세계적인 스타가 되었다. 《라이프》, 《타임》, 《뉴요커》, 《뉴스위크》 등 각종 언론매체에서 서로 앞다투어 그의 쾌거에 찬사를 보내는 보도를 냈다. 한 청년 학자의 성공은 '미국 과학력의 승리'라는 이름으로 과대 포장되어 대서특필되었다. 우드워드가 플라스크 안에서 만들어낸 한 줌의 퀴닌 분말이 미국이라는 초강대국의 자존심을 세워주었다고 해도 지나친 말은 아니다.

우드워드는 나중에 학창시절부터 퀴닌 합성법을 나름대로 생각해 합성화학 감각을 익혔다고 밝혔다. 그의 퀴닌 구조 연구는 분석기술의 진보에 크게 공헌했다. 그 결과, 퀴닌이라는 약이 지닌 힘과 매력은 유기화학이라는 한 학문 분야를 육성하는 밑거름이자 요람이 되었다.

우드워드는 이후로도 잇따라 복잡한 화합물 합성에 성공하여 유

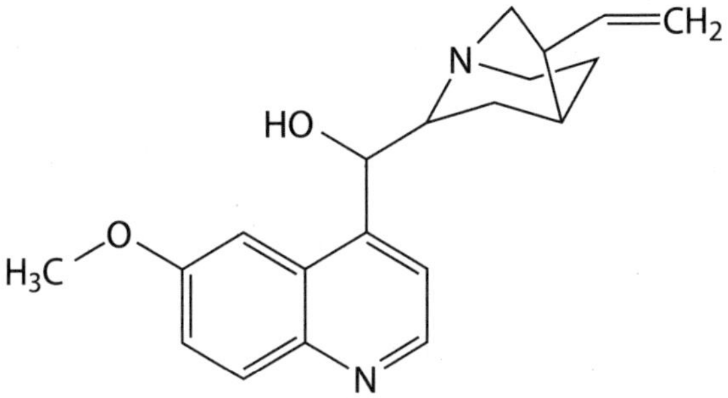

Quinine

퀴닌의 구조는 너무도 복잡해서
당시의 화학 수준으로는
인공 합성은 꿈도 꿀 수 없었다.
마침내 1942년 미국 하버드 대학교에 적을 둔
젊은 학자가 이 어려운 과제에
과감히 도전장을 던졌다.

기화학의 세계에 일대 혁신을 일으켰다. 1965년에 그는 노벨 화학상을 단독으로 받고, 수많은 제자를 양성하여 '유기합성의 신'이라는 영광스러운 별칭까지 얻었다. 20세기 후반의 유기화학은 우드워드의 후광 아래에서 발전을 거듭했고 퀴닌은 위대한 초석을 놓았다.

그러나 우드워드가 만들어낸 퀴닌 합성법이 모든 문제를 해결한 것은 아니었다. 이 연구에는 지나치게 많은 시간과 노력이 필요하여 대량 공급이 원천적으로 불가능했기 때문이다. 그런 터라, 안타깝게도 말라리아로 고통받는 전장의 병사들에게 인공 퀴닌이 보급되는 가슴 벅찬 날은 결국 오지 않았다. 사실 화학합성 기술이 훨씬 진보한 오늘날에도 퀴닌을 인공합성해 필요한 양만큼 공급하는 기술을 실현하지는 못했다. 대신 화학자들은 퀴닌 구조를 참고하여 다양한 화합물을 합성했고, 좀 더 간단한 구조로 항말라리아 작용을 하는 화합물을 개발했다. 이 물질들은 '퀴나크린', '클로로퀸', '메플로퀸' 등의 이름을 달고 여러 전장에서 맡은 바 임무를 다하고 있다.

이 약들은 한동안 약효를 지속하다가 얼마 후에는 사라진다. 시간이 지남에 따라 말라리아 원충이 약제에 내성을 갖게 되기 때문이다. 한데 신기하게도, 모든 시판 말라리아약의 조상 격인 퀴닌에서는 수백 년이 지난 지금도 내성 말라리아 원충이 거의 나타나지 않고 있다. 그러므로 퀴닌은 지금도 가장 중요하고 탁월한 말라리아 치료제의 지위를 굳건히 유지하고 있다.

21세기, 새롭게 인류를 위협하는 질병 말라리아

제2차 세계대전이 끝난 후, 살충제인 DDT로 모기를 박멸하는 등 철저한 대책을 마련하면서 선진국에서 말라리아 발생은 드문 일이 되었다. 말라리아로 인한 끔찍한 비극을 경험한 오키나와 야에야마 제도에서도 1961년에 마지막 환자가 발생한 이후 말라리아 환자가 나오지 않고 있다. 그 덕분에 현재 야에야마 제도는 눈부신 햇살이 내리쬐는 아름다운 관광지로 탈바꿈했다. 말라리아를 퇴치하기 위한 선인들의 지칠 줄 모르는 열정과 부단한 노력에 새삼 경의를 표하고 싶다.

그러나 안타깝게도 말라리아의 뿌리를 완벽하게 뽑아냈다고 말하기에는 아직 이르다. 말라리아 원충은 두려운 마음이 들 정도로 환경에 잘 적응하여 어떤 상황에서도 끈질기게 살아남는 놀라운 생존 능력을 과시하기 때문이다. 예를 들어, 일반적인 질병은 한 번 걸리면 면역이 생겨 다시 걸리지 않지만 말라리아는 몇 번씩 걸리는 사람이 많다. 요인은 여러 가지가 있지만, 말라리아 원충이 면역계에 반응하기 쉬운 여러 단백질을 '미끼'로 만들어내 자신의 생존에 필요한 단백질을 지키기 때문이라는 주장이 유력하다. 말하자면, 말라리아 원충이 분자 수준의 연막작전으로 면역계를 교란하여 공격을 피함으로써 살아남는 고도의 위장 전술을 펼치기 때문이다.

퀴닌을 대신할 신약개발 노력도 아직 충분하다고는 말하기 어렵다. 말라리아 환자 수는 많지만, 유행하는 지역은 개발도상국이 대부분이라 내성이 생긴 말라리아 원충도 그만큼 대량으로 발생하기 쉽다. 그러므로 제약회사의 입장에서는 말라리아 신약을 만들어봤자 여기에 들어간 개발비를 회수하기가 어렵다. 말하자면, 본전치기도 힘든 장사인 셈이다. 게다가 모기 박멸에 놀라운 위력을 발휘했던 DDT도 환경오염 등의 문제가 불거지면서 예전처럼 대량 사용을 우려하는 목소리가 제기되어 현실적으로 살포하기 어렵게 되었다.

현재 기대할 수 있는 가장 현실적인 대책은 말라리아 백신이다. 말라리아 원충은 종류도 워낙 많고 생태가 복잡해서 일반적인 세균처럼 백신을 만들기 어려웠다. 그러나 최근 미국의 사나리아(Sanaria), 영국의 글락소스미스클라인, 그리고 일본 오사카 대학교 등이 백신 연구에 착수하여 승인 직전 단계에 이르렀다.

그러나 이들 백신이 아프리카 등의 유행 지역에서 말라리아를 퇴치하는 것은 일이 술술 잘 풀린다 해도 몇십 년 후가 될 가능성이 크다. 그러므로 백신이 보급되기를 마냥 기다리기보다 의약품이나 백신뿐 아니라 모기장과 살충제 보급 등 다양한 수단을 병행해야 한다.

선진국에서도 말라리아를 과거사로 보고 묻어둘 일이 아니다. 지구온난화로 모기의 서식 지역이 확대되고 습지가 늘어나 선진국에서도 다시 말라리아가 창궐할 가능성이 예견되기 때문이다. 또한 항공기 등 교통수단의 발달도 모기 서식지 확대에 이바지하고 있다.

2014년, 일본에서는 말라리아와 마찬가지로 모기가 매개체인 뎅기열이라는 질병이 69년 만에 발생하며 연일 뉴스 첫머리를 장식했다. 비슷한 일이 말라리아에서도 얼마든지 일어날 가능성이 있다. 그런데도 아직 이 문제가 일반인들의 관심 대상이 되지 못하고 있다.

역사를 한 바퀴 돌아온 병 말라리아와 인류의 싸움은 지금 이 순간에도 끊임없이 계속되고 있다. '말라리아 박멸'이라는 인류의 도전적인 과제 앞에 놓인 가장 큰 걸림돌은 무엇일까? 놀랍게도, 이 병에 대한 선진국 사람들의 무관심이 될 거라는 전망이 지배적이다.

04

MORPHINE

천사와 악마의 두 얼굴을 지닌 약, 모르핀

스위스 신석기시대 유적에서 양귀비 재배 흔적이 발굴되었다는데

현재 인류가 사용하는 의약품 중 가장 오래 사용된 것은 무엇일까? 나름대로 자세히 조사해본 결과, 답은 '모르핀(Morphine)'이라는 결론을 얻었다. 인간은 태생적으로 통증에 약하다. 가벼운 두통이나 복통만 생겨도 작업 효율이 크게 떨어진다. 하물며 장기간 지속하는 만성 통증이나 골절 등으로 인한 극심한 통증이라면 두말하면 잔소리일 정도다.

진통제만큼 인류가 절박하게 갈구해온 의약품은 없다고 해도 지나치지 않다. 그런 절박한 요구와 노력의 결과, 인류가 손에 넣은 역사상 최강의 진통제가 바로 '모르핀'이다. 제약기술이 비약적으로 발전해 온갖 진통제가 쏟아져 나오는 오늘날에도 모르핀을 능가하는 제품을 내놓지 못하고 있다.

모르핀은 육체뿐 아니라 마음의 아픔 치료에까지 효과를 발휘한다. 소량의 모르핀을 투여하면 평소 느끼던 우울감이나 슬픔을 순식간에 사라지게 해준다. 그러나 알다시피 모르핀 사용을 위해서는 값비싼 대가를 치러야 한다. 일반적으로 사람들이 '모르핀' 하면 떠올리는 이미지는 효과적인 진통제보다는 인생을 파괴하는 마약에 더 가깝다. 역사 속에서도 모르핀의 긍정적인 측면보다는 부정적인 측면이 더 많이 노출되었다.

자, 이제 인류 역사상 가장 오래된 의약품이자 인류가 발명한 최강의 진통제인 모르핀의 세계로 좀 더 깊이 들어가 보자.

모르핀은 덜 여문 양귀비 씨방에서 얻을 수 있다. 양귀비에는 다양한 품종이 있다. 원예품종으로 인기 있는 개양귀비(Papaver rhoeas, 선명한 주황색 또는 빨간색 꽃을 피우는 품종으로 풍년을 상징한다. 유럽에서는 관상용 및 농작물로 재배한다. 개양귀비 씨앗을 빵이나 과자에 넣어 먹거나 기름을 짜기도 하고, 꽃잎으로는 시럽과 술을 만든다. 영국을 비롯한 영연방 국가에서는 제1차 세계대전이 끝난 1918년 11월 11일을 기리기 위해 우리나라의 현충일과 비슷한 영령기념일이 있는데, 이날 가슴에 붉은 개양귀비 꽃을 달고, 참전 용사 묘소에 개양귀비 화환을 바친다.—옮긴이) 등으로는 모르핀을 만들 수 없다. 모르핀을 생산하려면 양귀비 속 중에서도 파파베르 솜니페룸(Papaver somniferum, 영어로 '아편'을 뜻하는 'Opium Poppy'라고 부른다.—옮긴이)과 세티게룸(Setigerum)이라는 종이 필요하다.

일본을 비롯한 각국 정부에서는 이들 양귀비의 무허가 재배를 금지하고 있다. 이들 품종은 봉오리 상태에서 줄기가 낭창낭창하게 휘어져 땅바닥을 향한다. 그러다가 봉오리가 피면서 줄기가 똑바로 펴지며 꼿꼿하게 서서 하늘을 가리킨다. 그 무렵 하얀색과 붉은색, 보라색 등의 탐스럽고 아름다운 꽃을 피운다.

꽃이 떨어지면 며칠 후 달걀 크기의 씨방이 남는다. 이 씨방이 여물기 전에 상처를 내면 하얀 우윳빛 즙이 방울방울 떨어진다. 이 즙을 모아 잘 말리면 우리가 '아편'이라 부르는 마약이 만들어진다. 아편은 10퍼센트 정도의 모르핀을 함유하고 있어 거칠게 빻은 가루 상태로도 충분한 약효를 발휘한다.

아편의 효과는 아주 먼 옛날부터 알려져 있었다. 줄잡아 5,000년 이상은 충분히 거슬러 올라갈 정도다. 그 근거로 스위스의 신석기시대 유적에서 발굴된 양귀비 재배 흔적을 들 수 있다. 또한, 메소포타미아 지역에서 발굴된 점토판에는 설형문자로 아편 채취 방법이 기록되어 있다. 그 점토판에는 양귀비를 지칭하는 말로 '기쁨의 식물'이라는 표현이 적혀 있다. 이쯤 되면, 인류는 문명이 시작되기 이전부터 아편의 작용을 알고 있었을 가능성이 크다.

BC 1,500년 무렵에 작성된 이집트 파피루스에는 양귀비를 의약품으로 이용했다는 기록이 있다. 또 지중해의 키프로스에서는 양귀비 씨방이 그려진 아편 흡입용 파이프(BC 1,200년 경)가 출토되기도 했다. 이를 근거로 3,000년 이상 전에도 이미 많은 문명에 아편

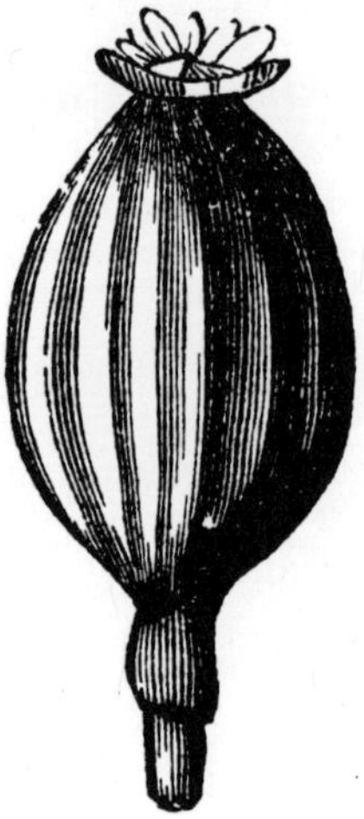

"이 약을 섞은 술을 마신 자는
눈앞에서 가족이 죽어도
한나절은 눈물을 흘리지 않는다."

이 광범위하게 퍼져 있었다고 추측할 수 있다.

고대 그리스 문학의 최고봉으로 일컬어지는 호메로스의 서사시 『오디세이아』에도 슬픔을 잊게 해주는 약이 등장한다.

"이 약을 섞은 술을 마신 자는 눈앞에서 가족이 죽어도 한나절은 눈물을 흘리지 않는다."

위의 문장은 아편의 도취 작용을 묘사한 구절로 추측된다. 고대인들도 약의 힘을 빌려 사랑하는 사람을 떠나보낸 슬픔을 달랬던 것일까?

그리스 멸망 후 아편 사용은 일단 자취를 감추었다. 그러나 로마 시대에 '재발견'되어 많은 의사가 진통제나 수면제로 아편을 이용했다고 전해진다. 로마 5현제(五賢帝) 중 한 사람으로 『명상록』을 저술하고 '철인 황제'라는 칭호를 얻은 마르쿠스 아우렐리우스에게도 아편을 애용했던 흔적을 엿볼 수 있다.

그러나 이 시대에 아편은 마약으로 일반에 널리 보급되지 못했다. 그리스·로마 시대의 문헌에는 아편의 효능과 용도가 상세하게 기술되어 있다. 동시에 그 독성에 대해서도 엄중한 목소리로 경고하고 있다. 아편은 강력한 효과로 말미암아 의사들의 주목을 받았지만, 동시에 부정적인 측면도 고려해 함부로 사용해서는 안 되는 약물로 여겨졌다.

9세기 이후, 과학의 중심은 이슬람권으로 옮겨갔다. 과학만이 아니라 의학과 수학도 크게 발전했다. 그 지식과 문물을 서양에 가져온 매개체가 몇 번에 걸쳐 이루어진 십자군 원정이었다. 십자군은 본래 목적인 성지 탈환에는 성공하지 못했다. 그러나 문화와 학문 교류를 촉진해 이후 역사에 큰 영향을 미쳤다. 아편도 이 시기에 다시 유럽에 들어와 의약품의 효능을 인정받게 된다.

미국 남북전쟁 동안 아편중독자가 급증한 이유

아편의 효능을 널리 알린 계기는 16세기 연금술사이자 의학자였던 파라켈수스(Paracelsus)였다. 파라켈수스는 본명이 아니라 고대 로마의 명의인 켈수스(Celsus)의 이름에 그리스어로 '능가한다'라는 뜻의 '파라'를 붙여 지은 이름이다. 말하자면, 그는 스스로 '전설의 명의'라고 광고하고 다닌 셈이다. 다행히도 이름값이 아깝지 않을 정도의 활약은 했던 인물이다. 또한 그는 철학과 화학, 독성학 등 폭넓은 범위에서 연구했으며, 연금술 시대와 과학 시대를 이어주는 가교 역할을 했던 위대한 학자였다.

파라켈수스는 아편을 바탕으로 삼아 환약을 개발했고, 이 약을 만병통치약으로 권장했다. 아편은 진통 및 진해(鎭咳) 효과를 지니고 있어 만병통치약까지는 아니더라도 다양한 질병 증상을 완화해 준다. 사실 이 시대에 사용된 의약품 중 현대인의 눈으로 보아 효과다운 효과를 내는 약은 아편 이외에는 거의 찾아보기 힘들다.

17세기 후반, 영국에서 '아편팅크(laudanum=opium tinctur)'가 개발된다. 아편팅크는 적포도주 등의 술에 적정량의 아편을 녹인 제품이다. 이윽고 아편팅크는 감기와 콜레라 등의 감염병, 생리불순, 원인 불명의 통증에 이르기까지 광범위하게 처방되며 마치 진짜 만병통치약처럼 사용된다.

아편팅크의 개발자인 토머스 시드넘(Thomas Sydenham)은 "전능하신 하느님께서 아픔을 덜어주시기 위해 우리 인류에게 선사하신 치료제 중 아편만큼 보편적인 효능을 발휘하는 약은 없다"고 말하며 아편의 효능을 높이 평가했다. 그의 말은 진실을 담고 있지만, 사실의 일면밖에 보지 않은 단편적인 발언이기도 했다. 아무튼, 아편의 무시무시한 탐닉성, 중독성이 이 시대부터 서서히 알려지기 시작한다. 그런데도 수많은 의학자가 환자들에게 아편 사용을 권장했다. 그 바람에 유아에서 노인까지 거의 모든 사람이 아편을 수시로 사용하게 된다. 그에 따라 아편 입수가 비교적 손쉬웠던 18세기부터 19세기에 걸쳐 아편 중독자가 급증했다.

그 무렵, 순수한 모르핀 성분을 분리하는 기술이 개발되었다. 1803년, 스무 살의 젊은 약제사였던 프리드리히 빌헬름 제르튀르너(Friedrich Wilhelm Sertürner)는 아편에 산과 염기를 순차적으로 더해 불순물을 제거하고 유효 성분만 결정으로 추출하는 실험에 성공했다. 그는 이 성분에 그리스 신화의 잠의 신인 모르페우스에서 따와 모르핀이라는 이름을 붙였다.

이 발견은 인류 과학사를 갈무리한 신문을 만든다고 가정할 때 당당히 1면 상단에 머리기사로 실을만한 가치가 충분한 사건이다. 통증을 완화하고 사람의 마음을 안정시켜주는 아편의 불가사의한

작용은 생명의 신비스러운 힘 등에서 비롯된 게 아니라 단순한 물질에 포함된 성분임을 똑똑히 보여준 발견이었다.

근대 약학과 유기화학이 모두 이 발견에서 출발했다고 해도 지나치지 않다. 순수하게 유효 성분을 추출해 정확한 양을 계량해 약을 투여할 수 있게 된 것도 실용적으로는 큰 변화였다. 19세기 중반에는 피하주사기가 개발되어 모르핀을 주사제로 사용할 수 있는 길이 열렸다. 그와 동시에 중독환자 증가로 이어지는 지름길도 일반에 활짝 개방되었다.

그 연장선에서, 남북전쟁(1861~1865) 동안 남군 측에서만 무려 1,000만 정의 아편 정제와 200만 온스 이상의 아편 관련 약제가 팔려나갔다. 그 결과, 전쟁 기간에 아편 중독자가 속출했다. 이때 발생한 아편 중독자를 사람들은 '군대병'이라는 이름으로 불렀다. 초기에는 '만병통치약'으로 환영받았던 아편이 서서히 '위험한 마약'으로 민얼굴을 드러내기 시작했다.

인체 복잡 시스템을 파괴하는 힘을 지닌 원자 40개 덩어리, 모르핀

자, 이쯤에서 잠시 샛길로 빠져 생화학에 관한 이야기를 해보자. 아편 성분인 모르핀이 단기적으로 행복한 느낌이 들게 하고 장기적으로 중독의 수렁에 빠지게 하는 이유는 뭘까? 사람들은 오랫동안 그 원인을 밝히기 위해 연구에 연구를 거듭해왔다. 그리고 그 결실로 비교적 최근인 1970년대에 들어서야 비로소 모르핀의 약리작용을 해명하는 연구가 본격적으로 시작되었다. 미국과 스웨덴이 참여한 세 곳의 연구진이 인간의 뇌 속에서 모르핀이 정착하는 장소를 거의 동시에 발견했다.

우리 뇌에서 특정 분자가 결합해 정보를 수용하는 부위를 '수용체'라고 부른다. 그런데 왜 이런 수용체가 존재할까? 특정 품종의 양귀비만 생산하는 특수한 물질을 위한 수용체를 인체가 굳이 마련해둘 이유가 없는데 말이다.

이로써 인체는 수용체에 결합하는 물질을 스스로 생산한다는 가설을 세울 수 있다. 수용체를 '열쇠 구멍'이라고 해보자. 이때 모르핀은 그 구멍에 우연히 꼭 들어맞는 '가짜 열쇠'인 셈이다. 또한 뇌 속에는 '진짜 열쇠'가 존재한다는 가정도 가능하다. 인간에게 쾌락이라는 감각을 일으키는 '진짜 열쇠'야말로 우리 뇌의 수수께끼를 푸는 중요한 물질이다. 생화학자들은 이 발견에 크게 흥분했고 학계 전체가 술렁였다.

'진짜 열쇠'의 정체가 서서히 정체를 드러낸 것은 1970년부터 1980년에 이르는 10여 년의 기간이었다. '진짜 열쇠'는 아미노산이 5개부터 약 30개가 연결된 '펩타이드'라고 부르는 간단한 물질 군이다. 이 물질들을 통틀어 과학자들은 '엔도르핀(endorphin)'이라고 부른다. 모르핀은 엔도르핀의 앞머리와 흡사한 구조로, 수용체와 결합해 엔도르핀과 같은 작용을 일으킨다.

모르핀은 엔도르핀의 앞머리와 흡사한 구조로,
수용체와 결합해 엔도르핀과 같은 작용을 일으킨다.

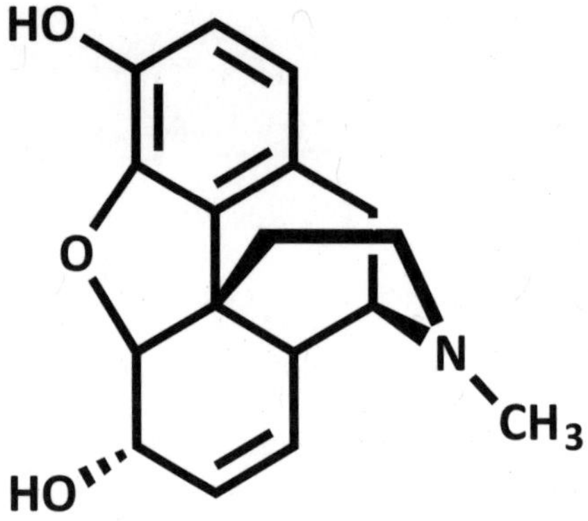

morphine

엔도르핀은 외상을 입거나 스트레스를 받았을 때 방출되어 고통을 완화해준다. 예를 들어, 장거리 달리기 선수가 느끼는 짜릿한 흥분과 쾌감(Runner's High)은 고통을 완화하기 위해 엔도르핀이 분비되기 때문에 생겨난다. 또 사회적 연대감과 안정감, 수수께끼를 풀었을 때나 뭔가 새로운 지식을 얻었을 때 느끼는 만족감 등에도 엔도르핀이 관여하는 것으로 추정된다. 이렇듯 엔도르핀과 그 수용체는 인간의 다양한 행동 동기에 숨겨진 비밀을 풀어줄 아주 중요한 실마리다.

모르핀은 이 비밀의 골짜기로 파고 들어가 임시방편이지만 커다란 쾌감을 선사한다. 모르핀을 계속 투여하면 우리 몸은 '현재 엔도르핀 양은 충분하다'고 판단하여 생산을 중단한다. 결국 모르핀 공급이 중지되면 우리 몸은 엔도르핀이 부족해져 견디기 힘든 불쾌감을 느끼게 된다. 이것이 바로 마약의 '금단증상'이다. 모르핀을 투여하면 금단증상은 이내 사라지지만 엔도르핀 생산능력은 더욱 떨어진다. 그리고 그다음에는 더 많은 양의 모르핀이 필요하게 되는 악순환에 빠진다.

모르핀의 금단증상은 몹시 고통스러워서 지옥으로 가는 급행열차를 탄 것에 비유되곤 한다. 온몸이 나른해지고 불면증, 콧물, 오한, 극심한 두통과 복통, 구토감 등 지옥과 같은 고통과 끔찍한 증상이 꼬리에 꼬리를 물고 나타난다. 고작 원자 40개로 이루어진 덩어리에 지나지 않는 모르핀이 인체라는 엄청나게 복잡한 시스템을 파괴하는 힘을 갖고 있다니 오싹 소름이 돋을 지경이다.

중국인들이 아편의 약효와 함께 독성과 해악도 알았더라면

과학 이야기는 이쯤에서 잠시 접어두고 다시 본론으로 돌아와 역사 이야기를 살펴보자. 아편이 날카로운 발톱을 드러내고 역사에 깊은 생채기를 남긴 사건은 동북아시아의 거대한 나라 중국에서 일어났다. 중국에서는 언제 어떻게 아편이 알려지게 되었을까?

아편을 사용한 가장 오래된 기록은 『삼국지연의』에 등장하는 후한 말의 명의인 화타 이야기로 볼 수 있다. 독화살을 맞은 관우의 팔꿈치를 절개할 때 화타가 뼈를 깎는 대수술을 했다는 일화는 너무도 유명해서 누구나 한두 번쯤 들어본 이야기일 것이다. 그런데 이 이야기는 사실 화타가 세상을 떠난 후 일어난 일로 『삼국지연의』의 작가가 창작한 가공의 이야기다.

그러나 화타가 아편을 마취약으로 사용한 것은 분명해 보인다. 그는 '마비산(痲沸散)'이라는 마취약을 사용하여 수없이 개복수술을 했다고 전해진다. 이 마비산의 주요 성분을 아편으로 추측하는 사람이 많다. 다만 다른 문헌에서는 마비산 성분이 다른 식물에서 유래했다는 주장도 있다. 이 시기에 아편이 중국에 전해졌다는 근거를 찾을 수 없기 때문이다.

양귀비에 관한 좀 더 분명한 기록은 당나라 시대(618~907년)에 이르러 나타난다. 하지만 그 기록 역시 대단히 중요한 의미가 있다고 말하기는 어렵다. 왜냐하면, 양귀비꽃을 관상용으로 길렀다는 증거밖에 되지 않기 때문이다.

명나라 시대인 1593년에 저술된 『본초강목』은 한방약의 집대성으로 일컬어지는 책이다. 그러나 이 책 역시 아편에 관해 두루뭉술하게 기록하고 있을 뿐이다. 어디까지나 저자가 풍문으로 전해 들은 이야기를 이리저리 그러모은 정도에 지나지 않는다.

서양에서는 먼 옛날부터 널리 이용된 아편이 중국에서는 꽤 오래도록 알려지지 않았다? 이런 뜻밖의 이야기를 들으면 고개를 갸웃거리게 된다. 그리고 한발 더 나아가, 아편의 뛰어난 약효와 함께 그 끔찍한 해악과 독성을 중국인이 제대로 알지 못하고 있었다는 사실이 중국이라는 나라의 역사에 깊은 상처를 남기게 된다.

청나라와의 천문학적 무역 적자를 벌충하기 위해 아편을 이용한 영국 정부

영국에 처음 차가 도입된 것은 17세기 초반의 일이다. 동양에서 들어온 이 진귀한 음료는 순식간에 입소문을 타고 퍼져나갔으며 엄청난 열풍을 일으켰다. 그러나 아열대에서 생산되는 차는 한랭한 유럽 기후에서는 아무리 공들여 키워도 잘 자라지 않는다. 그런 터라, 차 수입량은 급속도로 증가했고 영국의 무역적자는 눈덩이처럼 불어났다.

영국은 천문학적인 액수의 적자를 메우기 위해 무언가를 만들어 대량으로 중국에 내다 팔아야 하는 절박한 상황에 맞닥뜨렸다. 그러나 당시 중국을 지배하던 청 왕조는 식량, 음료, 의복, 공예품 등 모든 면에서 전혀 부족한 것이 없었다. 당연하게도 중국은 영국에서 수입해야 할 필수품이 별로 없었다. 영국 정부의 고민은 갈수록 깊어졌다.

그러던 중 영국은 인도 벵갈주를 정복하며 대중국 무역에서 얻은 막대한 손실을 벌충할 뜻밖의 해결책을 발견했다. 1773년의 일이었고, 그 해결책은 아편이었다. 누군가가 벵갈에서 생산되는 아편을 청나라에 가져다 팔겠다는 황당한 발상을 했다. 영국 정부는 산업혁명으로 이루어낸 공업기술을 십분 활용하여 품질과 규격을 엄격히 관리하며 아편 대량생산을 단행했다. 그들은 담배에서 아이디어를 얻어 아편에 불을 붙여 연기를 들이마시는 방식의 중국인 맞춤 제품을 생산했다. 영국은 정부 주도로 자국의 천문학적인 무역 적자를 벌충하기 위해 중국인 취향에 꼭 맞는 신상품 마약까지 개발한 것이었다. 그 수법이 오늘날 닳고 닳은 대기업의 영악한 사업가들조차 명함도 못 내밀 정도로 기발하고 악랄하기 그지없었다. 그러면서도 영국 정부는 아편을 '독성이 있는 기호품'으로 지정하여 자국으로 유입되는 일을 엄격히 규제했다.

얼마 지나지 않아 청나라는 정부 고관에서 서민에 이르기까지 지위 고하를 막론하고 많은 사람이 아편의 포로가 되었다. 그로 인한 부작용과 해악이 극심해진 것은 두말할 나위 없었다. 청 왕조는 몇 번이나 수입 금지령을 내렸지만 사후약방문에 지나지 않았다. 아편에 한 번 맛을 들인 사람은 열이면 열 충성스러운 단골이 될 정

아편에 한 번 맛을 들인 사람은
열이면 열 충성스러운 단골이 될 정도로
중독성이 강한 제품이라
아무리 강력한 대책을 세워 시행해도
별다른 효과를 거두지 못했다.

도로 중독성이 강한 제품이라 아무리 강력한 대책을 세워 시행해도 별다른 효과를 거두지 못했다. 아편 무역 덕분에 영국이 전적으로 손해를 보던 무역수지의 판세도 완전히 뒤집혔다. 청 왕조를 지탱해주던 은이 끝없이 국외로 유출되며 급기야 국고가 바닥을 드러냈다.

그 상황에서 청의 관료였던 임칙서(林則徐)가 떨쳐 일어났다. 그는 아편 수입 금지 조치를 완화한다는 제안에 정면으로 반대했으며, 이 위험한 마약을 규제하는 강력한 정책을 시행해야 한다고 주장했다. 황제는 임칙서의 의견을 받아들여 흠차대신(欽差大臣, 청의 임시관리로 황제의 칙령을 받아 파견되는 관리—옮긴이)으로 임명하고 밀수 단속 업무를 맡겼다. 임칙서는 영국 상인이 은밀히 보유하고 있던 1,400톤 이상의 아편을 모두 압수한 다음 석탄과 소금물로 분해 처분하는 초강수를 두었다. 1839년의 일이었다. 이 사건을 계기로 영국은 강경책으로 전환했고, 군대를 투입하여 전투에 돌입했다. 이 전투가 바로 그 악명 높은 '아편전쟁(1839~1842년)'이다. 마약 매매 이권을 지키기 위한 전쟁은 세계사에서도 유례를 찾아보기 어려울 정도로 상식을 벗어나는 사건이었다.

아편전쟁은 영국에게는 전혀 대의명분 없는 전쟁이었다. 그러나 청의 입장에서는 명분의 우위에도 불구하고 전력의 차이가 너무도 컸다. 근대 병기를 갖춘 영국군의 엄청난 기세에 눌려 청군은 전쟁 초반부터 바람 앞의 검불처럼 스러져갔다.

전쟁 중에 웃지 못할 일화도 있었다. 어느 전투에서 영국군이 쏜

포탄이 귀신도 놀랄 정도로 정확하게 날아와 표적을 맞혔다. 그러자 이를 요술이라고 생각한 청군은 포탄을 막아보겠다며 여성용 변기를 들이댔다고 한다. 부정한 물건에 요술을 깨부수는 힘이 있다는 미신을 철석같이 믿었기 때문이다. 아무튼, 최신식 근대 병기를 자랑하는 영국군에게 전근대적인 방법으로 맞서서는 승산이 없는 게 당연했다.

청은 완패했고, 홍콩을 할양하고 거액의 배상금을 지급하라는 각서에 울며 겨자 먹기로 서명해야 했다. 이어진 1856년 제2차 아편전쟁(1856~1860년, 청나라와 영국·프랑스 연합군 간에 4년 동안 벌어진 전쟁으로 '애로호 사건'이 발단이 되어 일어난 까닭에 '애로호 전쟁'이라 부르기도 한다.—옮긴이) 등을 거쳐 청은 서구 열강의 먹음직스러운 먹잇감으로 전락해갔다. 이후 150여 년간의 영국 지배를 거쳐 1997년에 이르러서야 겨우 홍콩은 중국에 반환되었으니 아편의 영향력이 얼마나 대단한지 실감할 수 있다.

세계 최강으로 여겨지던 청이 서구 열강에 완전히 항복한 사건은 일본 바쿠후에도 커다란 충격을 안겨주었으며 위기감을 느끼게 했다. 또한 서양을 제압할 만한 실력과 힘을 갖추지 못하면 종국에는 청과 마찬가지 운명을 걷게 되리라는 인식이 자연스럽게 메이지 정부의 부국강병책으로 이어졌다.

만약 모르핀이 이 세상에 없었더라면, 아니 원자 하나만이라도 구조가 달랐다면 아시아의 역사는, 그리고 더 나아가 세계사는 지금과 완전히 달라지지 않았을까?

헤로인이라는 '악마'의 탄생

모르핀은 진통을 잊게 하는 등의 약리작용 면에서 대단히 강력한 효과를 발휘한다. 또한 모르핀은 뛰어난 약리작용 못지않게 강력한 중독성을 지닌다. 이러한 두 가지 특성 때문에 개발 초기에 의학자들은 '모르핀의 강력한 중독성을 없애고 진통작용만 남길 수 없을지 고민하며 연구에 연구를 거듭했다. 그렇게 모르핀의 해악을 없애기 위한 많은 이들의 노력은 끊이지 않았다.

1874년, 영국인 화학자 라이트(C. R. Alder Wright)가 모르핀에 아세틸기(Acetyl group, CH3CO)라는 원자단을 결합한 물질을 개발했다. 라이트의 연구 성과는 20년 가까이 지나도록 아무런 주목도 받지 못하다가 1898년에 이르러서야 비로소 빛을 보기 시작했다. 독일의 제약기업인 바이엘이 그의 연구에 눈독을 들이면서부터였다. 바이엘은 라이트의 연구 성과를 바탕으로 신약을 개발하여 출시했고 엄청난 성공을 거두었다.

이 새로운 화합물은 가래를 제거하는 진해 효과가 탁월한 데다 출시 당시에는 중독성이 없다고 여겨졌다. 바이엘은 이 신약 샘플을 의사들에게 보내 뛰어난 효력을 광고했다. 그러나 광고 내용은 사실이 아니었다. 실제로는 중독성을 해결하기는커녕 오히려 모르핀보다도 훨씬 강력해졌다. 아무튼, 이 신약이 바로 '헤로인'이다. 헤로인은 '이 약을 먹으면 영웅적(heroic)인 기분이 된다'라고 해서 붙여진 이름이다.

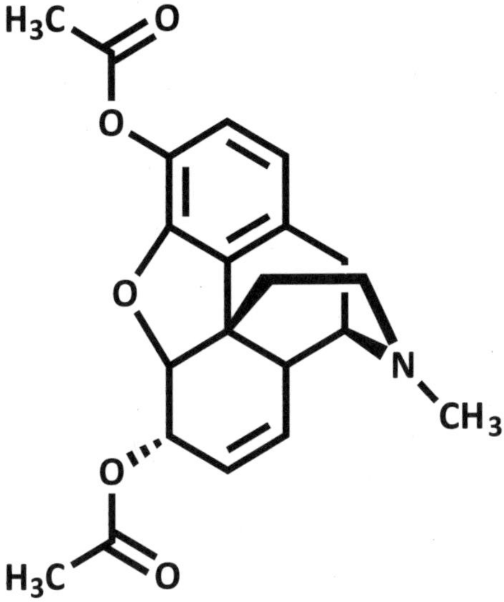

heroin

1874년, 영국인 화학자 라이트가
모르핀에 아세틸기(CH3CO)라는
원자단을 결합한 물질을 개발했다.
이 신약이 바로 '헤로인'이다.

모르핀에 아세틸기를 추가하면 분자 전체가 기름에 잘 녹는 성질을 갖게 된다. 우리 몸에서 칸막이 역할을 하는 각종 막은 기름에 가까운 성분이다. 헤로인은 모르핀보다 막을 통과하기 쉬우므로 체내 흡수율이 높아진다. 막을 통과한 아세틸기는 인체 대사 작용으로 쪼개지고 유효 성분인 모르핀을 재생한다. 이것이 헤로인이 연출하는 강렬한 약리작용의 정체다.

헤로인을 투여하면 다른 방법으로는 얻을 수 없는 강렬한 쾌감을 얻을 수 있다고 한다. '마약의 왕자'라는 헤로인의 별명이 바로 이 점에서 비롯되었다. 그러나 헤로인은 모르핀이 울고 갈 정도로 강력한 금단증상을 가지고 있어서 일단 중독되면 평생 경험하지 못한 지독한 통증이 온몸을 덮쳐온다고 한다. 오늘날 거의 모든 나라에서 헤로인 제조 및 판매가 금지되고 있다. 그러나 은밀히 합성되어 암시장으로 유통되며 여전히 수많은 중독자를 양산하고 있다.

천사와 악마의 두 얼굴을 지닌 약, 모르핀

여러 면에서 인류의 골칫거리가 되었던 모르핀이지만, 진통 효과만은 누구도 부인할 수 없을 만큼 탁월하다. 지금도 모르핀은 말기 암 환자의 극심한 통증을 완화해주는 효과적인 진통제로 제 몫을 톡톡히 해내고 있다. 물론 금단증상 등의 부작용을 우려해 사용을 꺼리는 환자도 적지 않은 것이 사실이다. 그러나 통증을 덜어준다는 본래의 목적으로 적절히 사용하는 한 중독을 걱정할 필요는 없다. 심각한 통증에 시달리는 상태에서는 모르핀을 투여해도 통증을 완화할 뿐 쾌락을 느끼는 수준에는 이르지 못하기 때문이다.

부작용과 중독성 걱정 없이 누구나 안심하고 사용할 수 있는 모르핀이 개발된다면 그야말로 궁극의 진통제로 인류에게 크나큰 축복이 될 것이다. 최근 그 꿈같은 길이 서서히 열리기 시작했다. 모르핀 수용체에는 몇 가지 종류가 있고, 중독성에 관여하는 수용체, 진통작용에 관여하는 수용체 등 다양한 종류가 있다는 사실이 밝혀졌기 때문이다. 이론상으로는 진통작용에 관여하는 수용체로만 약을 만들면 꿈의 진통제에 한 발짝 더 다가설 수 있게 된다. 모르핀 수용체에 대해서는 아직 밝혀지지 않은 부분이 많은 것이 사실이다. 그러나 좀 더 연구가 진행되면 모르핀이 가진 가능성을 최대한 활용할 수 있는 날이 머지않아 올 수도 있다.

모르핀 수용체 연구는 인간 마음의 움직임을 알고, 더 나아가 인간이라는 존재를 제대로 파악하는 과정으로 이어지게 마련이다. 인류가 수천 년 동안 갈구해온, 인류 역사마저 크게 뒤흔들어놓았던 특수 화합물 모르핀. 이 약은 앞으로도 끊임없이 대중의 관심을 집중시키는 특별한 존재로서 천사와 악마의 두 얼굴을 모두 보여줄 것이다. 그러면서 녀석은 우리의 애간장을 녹이며 들었다 놓았다 하지 않을까?

05

ANESTHETIC

통증과의 싸움에 종지부를 찍은 약, 마취제

ETHER

의학 진보를 가로막은 결정적 장애물, 통증

인류는 역사의 초기 시점부터 병을 치료해주고 고통을 완화해주는 약을 찾아 그야말로 눈물겨운 노력을 기울여왔다. 동물, 식물, 광물부터 상상조차 하기 힘든 오물에 이르기까지 온갖 다양한 물질이 의약품의 연구 대상이 되었다는 이야기는 앞에서 이미 살펴보았다.

그렇다면 외과 분야는 어땠을까? 조사해보니, 역사시대 초기부터 이미 놀라울 정도로 고도의 수술이 이루어졌다는 증거를 찾을 수 있었다. 좀 더 구체적으로 살펴보면, 신석기시대 두개골에서 개두 수술이 이루어진 흔적이 발견되었다. 그뿐만이 아니다. 메소포타미아 문명에서는 외상과 골절은 물론 농양과 결석 등을 제거하는 수술이 이루어졌다. 게다가 청동제 메스와 수술용 톱, 천공 드릴 등이 발견되었고, 상당히 높은 수준의 의료기술이 존재했음도 알 수 있었다.

고대 인도에서도 전문 의사가 헤르니아(hernia, 탈장이라고도 부른다. 장기 일부가 원래 있어야 할 장소에서 벗어나 복부, 사타구니 등으로 빠져나오는 증상—옮긴이)와 치질, 백내장 수술 등을 시행했다. 더욱 놀라운 것은 전쟁에서 코를 잃은 사람에게 성형수술까지 했다는 기록이 존재한다는 사실이다. 이게 다가 아니다. 볼 일부를 잘라내어 코에 이식하는 고도의 수술 기법이 이 시대에 이미 대중화해 있었던 것으로 보인다.

다만 수술대 위에 눕는 환자들에게 이런 수술은 견디기 힘들 만큼 끔찍한 고통을 수반하는 것이었다. 불과 100여 년 전만 해도 외과수술은 고통스럽게 울부짖으며 몸부림치는 환자를 몇 명의 의료진이 한꺼번에 달려들어 힘으로 제압하는 동안에 이루어졌다. 19세기 초반까지 수술실은 지하실이나 높은 탑 맨 꼭대기에 설치되었다. 말할 것도 없이 환자의 비명이 밖으로 새어나가지 않게 하기 위한 나름의 배려이자 조치였다. 고통으로 몸부림치는 환자의 절규를 들으며 이루어지는 수술은 집도하는 의사에게도 악몽과도 같은 끔찍한 경험이었다.

환자의 고통을 덜어주거나 비명을 지르지 못하게 하려는 조치가 취해지기도 했다. 환자에게 술을 진탕 먹여 취하게 하거나, 아편을 투여하고, 최면술을 활용하는 등 갖가지 수단이 동원되었지만 별

다른 효과를 보지는 못했다. 심지어 환자의 경동맥을 압박하여 실신시킨 뒤 수술을 진행하는 기상천외한 방법과 좀 더 극단적으로 둔기로 머리를 때려 기절시키는 엽기적인 방법까지 동원되었다. 게다가 그렇듯 위험천만한 방법을 사용하면서도 수술 중에 환자가 깨어날 가능성이 컸으므로 수술에 참여하는 의료진은 수술 내내 가슴을 졸여야 했다.

수술에 동반되는 고통이 의학 진보에 얼마나 커다란 걸림돌이 되었는지, 얼마나 많은 환자가 수술로 인해 하나뿐인 목숨을 잃었는지는 정확히 알 길이 없다. 아무튼, 수술의 고통이 인류사에 지대한 영향을 끼친 사례는 적지 않다. 프랑스 왕 루이 16세는 좋은 사례 중 하나다. 루이 16세는 발기 후에도 포경 상태를 유지하는 진성 포경으로 성 기능 장애를 가지고 있었다고 한다. 그런 탓에 그는 열다섯 살에 마리 앙투아네트와 결혼했으나 후사를 보지 못했다. 왕실의 대를 잇기 위해 수술 시도가 있었지만, 수술실에 들어온 날붙이를 본 루이 16세가 공포에 질려 단호히 수술을 거부하며 치료가 미루어졌다.

결국 결혼 8년째 되던 해인 스물세 살에 수술이 시도되었지만, 오랜 세월 독수공방하던 마리 앙투아네트는 외로움을 달래기 위해 궁전에서 열리는 화려한 무도회에 정신이 팔린 뒤였다. 이 과정에서 벌어진 갖가지 스캔들이 프랑스 혁명의 도화선에 불을 댕겼다. 만약 그 시대에 통증 없는 수술이 가능했더라면 역사의 흐름도 어느 정도 달라지지 않았을까?

전신마취 수술을 가능케 한 하나오카 세슈의 쓰센산 처방

일시적으로 환자의 의식을 잃게 하여 통각을 사라지게 하는 약을 찾기 위해 인류는 먼 옛날부터 끊임없이 노력해왔다. 고대 그리스의 의사 디오스코리데스(Dioscorides, 의대생들이 '히포크라테스 선서'를 하듯, 약대생들은 '디오스코리데스 선서'를 하며 약사로서의 삶을 다짐한다고 한다. —옮긴이)는 맨드레이크(Mandrake. 학명: Atropa mandragora) 뿌리를 와인에 넣고 끓인 약제를 환자에게 마시게 한 다음 다리 절단 수술을 했다고 한다. 맨드레이크는 뿌리가 사람 모양을 닮은 식물로, 땅에서 뽑으면 비명을 지르고 그 비명을 들은 사람은 광기에 휩싸여 죽는다는 전설이 전해진다. 실제로 맨드레이크 뿌리에는 각종 알칼로이드가 함유되어 있어 환각과 환청을 일으킨다. 사용량에 따라 약간의 마취 효과를 낼 수 있지만, 자세한 처방 기록은 전해지지 않는다.

후한 말의 명의 화타가 '마비산'이라 불린 마취약을 사용했다는 이야기는 앞에서 이미 했다. 이 '마비산'을 재현하기 위해 일본 에도 후기의 의사 하나오카 세슈가 도전했다. 1760년에 와카야마현 기노카와시에서 태어나 교토에서 공부한 세슈는 서양과 한방 양 의학을 두루두루 익힌 뒤 독자적으로 마취약 연구에 몰두했다. 세슈는 흰독말풀(학명은 Datura metel이지만 동양에서는 '만다라케'라는 이름으로도 민간에 알려져 있다. —옮긴이)이라는 식물에 주목했다. 그는 흰독말풀에 투구꽃(학명: Aconitum)이라 불리는 바곳 등 몇 종류의 약초를

일시적으로 환자의 의식을 잃게 하여
통각을 사라지게 하는 약을 찾기 위해
인류는 먼 옛날부터 끊임없이 노력해왔다.

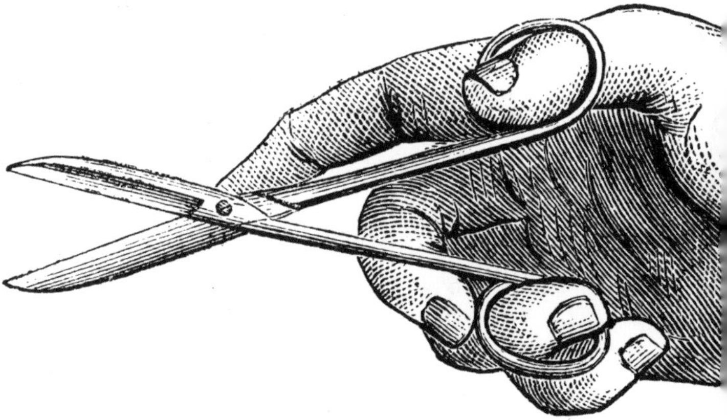

첨가하여 절구에 넣고 찧어 뒦은 물질에 마취 효과가 있다는 사실을 동물실험으로 확인했다.

그러나 아직 만족하거나 안심하기는 어려웠다. 설령 개와 고양이에게 효과가 있다 하더라도 반드시 사람에게까지 효과가 있을지는 미지수이기 때문이었다. 인체 실험을 하고 싶지만 위험 부담이 너무 커서 고민에 고민을 거듭하던 세슈에게 스스로 실험 대상이 되어주겠다며 용기 있게 나선 사람, 아니 사람들이 있었다. 바로 그의 어머니 오스기와 그의 아내 가에였다. 그러나 그는 이 실험으로 어머니가 중독사하고 아내가 실명하는 엄청난 비극을 겪었다. 좀 더 자세한 이야기는 아리요시 사와코의 소설 『하나오카 세슈의 아내』에 자세히 묘사되어 있다(다만 이 이야기는 어디까지나 소설이며, 가공의 요소도 상당수 포함되어 있다. 아무튼, 이 소설은 1960년대 일본에서 동명의 영화로도 만들어져 흥행에 성공했다.—옮긴이)

글자 그대로 가족의 헌신적인 도움에 힘입어 마취약 '쓰센산'이 마침내 완성되었다. 1840년에 세슈는 이 약을 이용하여 전신마취로 유방암 수술에 성공했다. 그는 그야말로 "자고 일어났더니 유명해졌다"라는 말의 주인공이 되었다. 명확한 기록이 남아 있는 전신마취 수술로는 세슈의 수술이 세계 최초다.

현대 제약 분야에서도 특정 분야에서 최초로 약품을 개발하는 경우는 매우 드물다. 이는 정답이 있는지 없는지도 모르는 수학 난제에 겁 없이 덤벼드는 것과 비슷하다고 할 수 있다. 이 아이디어로 과연 제대로 효과를 발휘하는 약물을 만들어낼 수 있을지 그 누구도 장담할 수 없기 때문이다.

누군가 닦아놓은 길을 걷는 것과 스스로 길을 개척해 목표 지점에 도달하는 것은 전혀 다른 차원의 문제다. 애석하게도, 현재 일본 제약기업 중에는 속된 말로 맨땅에 헤딩하며 세계 최고 수준의 약품을 만들어낼 힘이 있는 기업이 적다. 대부분 미국과 유럽 기업이 닦아놓은 편안한 길을 쫄래쫄래 따라가는 형국이다. 그런 터라, 1500년도 더 전의 전승을 믿고 환상의 약을 개발하겠다며 도전에 도전을 거듭하여 마침내 그 꿈을 이루어낸 하나오카 세슈의 집념은 마땅히 존경받아야 한다.

쓰센산 주원료인 투구꽃에는 스코폴라민(Scopolamine), 히오시아민(Hyoscyamine) 등의 알칼로이드가 함유되어 있다. 이 성분들은 앞에서 소개한 맨드레이크에도 들어 있다. 신경 전달물질인 아세틸콜린(Acetylcholine)과 구조가 상당히 비슷하며, 그 작용을 방해하여 부교감신경을 억제하는 효과가 있다고 추정된다. 이 성분들은 적정량을 넘으면 독이 되지만 잘만 사용하면 통각을 마비시키는 마취약이 될 수도 있다.

세슈가 개발한 쓰센산 처방은 널리 알려지지 않았다. 이유가 뭘까? 세슈가 많은 제자를 길러냈음에도 비법을 전수해주지 않았기 때문이다. 그는 왜 자신의 제자들에게조차 쓰센산 처방의 비법을 알려주지 않았을까? 아마도 독성이 강한 쓰센산이 경험이 미숙한 자들에 의해 남용될 위험을 우려했기 때문이 아닐까 싶다. 그도 그럴 것이, 이미 우리가 잘 알다시피 그는 쓰센산 처방 연구 과정에

쓰센산 주원료인 투구꽃에는
스코폴라민, 히오시아민 등의
알칼로이드가 함유되어 있다.
적정량을 넘으면 독이 되지만 잘만 사용하면
통각을 마비시키는 마취약이 될 수도 있다.

소중한 어머니를 잃고 아내가 실명하는 아픔을 겪어야 했기 때문이다.

어쨌든 세슈가 굳게 입을 다물고 비밀을 전수하지 않은 탓에 이후 일본에서 마취약 분야 발전이 더는 이루어지지 못했으며, 알칼로이드를 마취에 활용한다는 아이디어도 사라져버렸다. 이런 이유로 미국과 유럽의 의학서적에서는 쓰센산을 세계 최초의 마취약으로 인정하지 않는 경우가 많다.

아무튼, 일본 마취과학회는 세슈의 업적을 기념하여 '투구꽃'을 로고 디자인에 활용했다.

'역사상 최초 마취 기술 개발자'라는 타이틀은 누구에게?

하나오카 세슈가 쓰센산 개발에 착수했을 무렵, 영국에서는 정반대 접근법으로 마취 작용을 지닌 물질을 발견했다. 기체 의학적 응용 연구에 매진하던 화학자 험프리 데이비(Humphry Davy)가 아산화질소라는 가스를 직접 들이마셨다. 아산화질소는 질소 원자 두 개와 산소 원자 한 개로 이루어진 다소 묘한 구조의 기체다. 아산화질소를 흡입한 데이비는 술에 취한 것처럼 정신이 몽롱해졌다가 일시적으로 의식을 잃었다.

그의 발견은 미국으로 전해졌고, 일종의 오락용 약품으로 인기를 얻었다. 어느새 아산화질소를 활용한 공연이 각지의 극장에서 성행했다. 가스를 들이마신 사람은 무대 위에서 배꼽이 빠지도록 웃어젖히거나 술에 취해 고주망태가 된 사람처럼 비틀비틀 걸으며 꾸벅꾸벅 절을 하고 돌아다녔다. 이 광경을 본 관중들은 한바탕 웃음보가 터졌다. 웃음을 유발하는 작용이 있다고 해서 아산화질소는 '웃음 가스'라는 별명으로 유명해졌다.

1844년, 미국 코네티컷주에서 한 치과를 운영하던 호레이스 웰스(Horace Wells)라는 한 치과의사는 크리라는 젊은이와 함께 이 공연을 보러 갔다. 크리는 아산화질소를 들이마시고 갑자기 날뛰기 시작하더니 주위 사람들과 드잡이를 벌였다.

그 과정에서 청년은 다리에 심각한 상처를 입었고, 제법 많은 피를 흘렸다. 그러나 그는 자신의 상처에 전혀 개의치 않는 듯했다. 심지어 가스가 빠져나갈 때까지 아픔조차 거의 느끼지 못하는 것 같았다. 웰스는 이 사건으로 '웃음 가스'의 중요성을 깨달았다. 또한 그는 '웃음 가스'를 잘만 활용하면 무통 발치가 가능하리라 믿었다.

웰스는 자신의 몸을 실험 대상으로 사용했다. 그는 동료 치과의사에게 부탁해 아산화질소를 흡입하고 기절한 상태로 충치가 생긴 어금니를 뽑게 했다. 웰스는 발치 도중에 의식이 돌아오지 않았고, 정신을 차린 후에도 한동안 통증을 느끼지 못했다. 외과수술 역사를 다시 쓰게 될 이 대실험은 한 치과 의사의 '치과 의자'에서 시작되었다.

사실 이는 데이비가 훨씬 이전부터 '아산화질소는 외과수술에 응용 가능성이 있다'고 지적해왔기에 가능한 일이었다. 데이비의 주장을 실제로 시험해본 사람이 없었으므로 장장 40여 년 동안 전 세계 환자들은 불필요한 고통을 계속 감내해야 했다. 웰스는 실험 결과를 대대적으로 발표하려고 공개 실험을 선택했다. 그러나 결과는 처참한 실패로 끝났다. 웰스는 너무 긴장한 탓에 마취가 충분히 이루어지기 전에 환자에게 발치를 시작했다. 그러자 환자는 아픔을 참지 못해 고래고래 비명을 내질렀고, 웰스는 야유와 비난 속에 실험장에서 퇴장해야 했다. 그리고 결국 운영하던 치과 문까지 닫게 되었다. 1848년 웰스는 세상을 떠났는데, 그의 죽음이 자살이라고 주장하는 사람이 적지 않다.

그러나 이후 웰스의 제자였던 윌리엄 모턴(William Thomas Green Morton)은 아산화질소 대신 에테르(에틸에테르와 다이에틸에테르를 단순히 에테르라 지칭하기도 한다. 마취 효과가 있는 에테르는 정확히는 다이에틸에티르—옮긴이)를 사용하는 마취 수술을 실연해 멋지게 성공했다. 웰스가 최초로 마취 가스 실험을 하고 2년 후의 일이었다. 1846년 10월 10일은 인류가 통증이라는 공포에서 해방되어 외과학에 거대한 진보를 이룩한 기념비적인 날이었다.

사실 모턴에게 에테르 사용을 권유한 사람은 찰스 잭슨이라는 이름의 화학 교수였다. 또 크로퍼드 롱(Crawford Williamson Long)이라는 의사도 모턴보다 먼저 에테르를 마취에 이용해 종양 제거 수술을 집도하여 성공함으로써 커다란 명성을 얻었다. 결국, 이는 마취 기술 개발을 선점하기 위한 아귀다툼으로 이어졌고 한바탕 소송전이 벌어졌다.

거의 동시에 두 사람이 똑같은 발명을 하고, 누가 먼저인지를 다투는 사례는 과학 역사에서 그리 희귀하지 않은 사건이다. 아산화질소의 경우, 이 물질의 발견에서 몇십 년이라는 세월이 지나 거의 동시에 마취 작용을 발견했으니 우연이라고 하기에는 참으로 얄궂은 운명의 장난이 아닐 수 없다. 몇십 년이라는 세월은 새로운 물질이 발견되고, 그것이 사회에 인지되고, 인체에 사용되기까지 필요한 시간이었는지 모르겠다.

빅토리아 여왕의 무통 분만 성공을 도운 마취약, 클로로폼

아산화질소와 에테르 이후 새로운 마취약으로 클로로폼이 등장하여 인화성이 강한 위험한 에테르 대신 사용되었다. 클로로폼은 영국 빅토리아 여왕이 1853년에 여덟 번째 아들인 레오폴드 왕자, 1857년에 아홉 번째 딸인 베아트리스 공주를 출산할 때 무통 분만에 성공적으로 사용함으로써 세계적인 유명세를 얻었다. 이후 20세기 초반까지 클로로폼은 흡입 마취제로 인정받으며 대중적으로 사용되었다.

드라마나 영화를 보다 보면 클로로폼을 묻힌 손수건 등으로 입과 코를 막아 기절시키는 장면이 자주 나온다. 그러나 이는 사실과

아산화질소와 에테르 이후
새로운 마취약으로 클로로폼이 등장하여
인화성이 강한 위험한 에테르 대신 사용되었다.

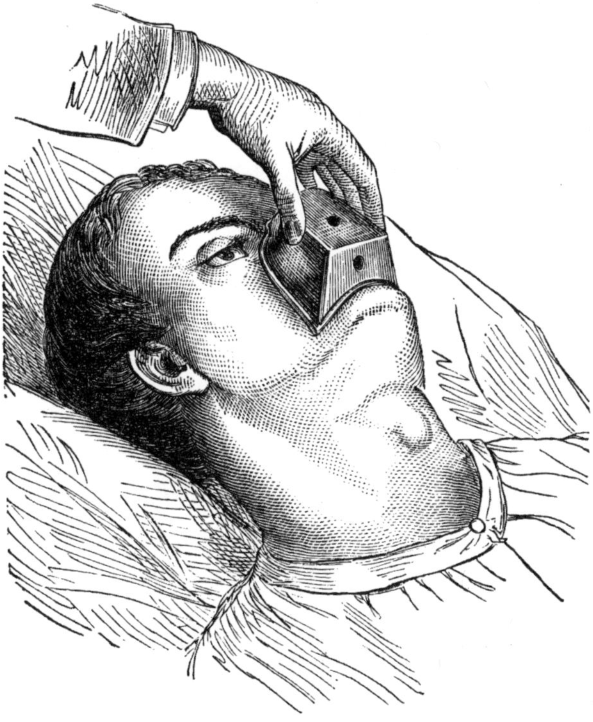

는 거리가 멀다. 클로로폼으로 몇 초 만에 사람을 기절시키는 것은 가능하지 않은 일이기 때문이다. 클로로폼은 독성이 강해 한꺼번에 다량을 들이마시면 의식을 잃거나 자칫하면 죽음에 이를 수도 있는 매우 위험한 물질이다. 지금은 더욱 안전한 마취약이 등장해 의료 현장에서 클로로폼을 마취에 사용하는 경우는 거의 찾아볼 수 없다.

마취약은 적절한 사용법에서 한 걸음만 벗어나도 죽음으로 직결되는 위험한 물질이라는 사실에는 지금도 변함이 없다. 현대 수술에서는 수술 도중에 환자가 받는 자극이 강할 때 깊은 마취를 유도하고, 수술이 끝날 때 즈음 되면 얕은 마취로 유도하는 식으로 사용한다. 그런 다음 환자 상태를 실시간으로 꼼꼼히 확인하며 마취약의 종류와 양을 신중하고도 미세하게 조정한다. 의사는 면허를 취득하면 내과, 이비인후과, 피부과 등을 개원할 수 있지만 일본에서 마취과는 후생노동성의 자격심사에 별도로 합격해야 한다. 마취과는 고도의 특수한 기술과 감각을 갖추어야 하는 전문직이기 때문이다.

마취제를 둘러싼 역사상 최대 미스터리, 마이클 잭슨의 죽음

마취제를 둘러싼 역사상 최대 사건은 무엇일까? 곰곰이 생각해

보자니, 마이클 잭슨의 갑작스러운 죽음이 떠오른다. 인류 역사상 가장 성공한 연예인이었던 마이클 잭슨은 런던 공연을 앞둔 2009년 6월 25일 갑작스럽게 세상을 떠났다.

마이클 잭슨의 죽음을 전한 여러 외신과 소식통을 종합해보면, 그는 당시 심각한 불면증으로 고생하고 있었다. 일반적인 수면제가 듣지 않을 정도로 위급한 상태였다고 한다. 슈퍼스타가 몇십 년 만에 관객 앞에 나서는 공연을 하게 되면 아마도 우리 같은 일반인은 상상도 하지 못할 정도의 어마어마한 압박감에 시달렸을 것이다. 결국 마이클 잭슨은 바로 의식을 잃게 해주는 데다 신속하게 깨어날 수 있는 마취약 프로포폴을 투여해줄 전속 의사를 구해달라고 요구했다고 한다.

프로포폴은 링거로 정맥에 주사하는 방식으로 사용하는 약이다. 마취하면 떠오르는 흡입 방식과는 전혀 다를 뿐 아니라 기존의 상식을 뒤엎는 완전히 새롭고 실용적이며 우수한 약제이기도 하다. 프로포폴의 약효는 매우 탁월하다. 그러나 엄연히 마취약인 만큼 적지 않은 위험도 뒤따른다. 의사의 설명에 따르면, 약제 투여 후 2분가량 눈을 뗐을 시점에 이미 마이클 잭슨의 호흡이 정지했다고 한다. 사실 그 의사는 마취 전문의가 아니었다.

마이클 잭슨의 죽음을 둘러싸고 여러 가지 음모론이 나돌았으며, 수많은 의혹과 수수께끼가 지금도 여전히 남아 있다. '고작 마취약 따위로 사람이 죽을 리가 없다'며 음모론을 제기하는 사람도 있다. 그러나 마취약은 수면제와 완전히 다른 성질의 약물이다. 그러므로 전문의가 세심한 주의를 기울이며 투여하지 않으면 마이클 잭슨처럼 불운한 사건으로 이어질 가능성은 충분하다.

여전히 풀리지 않는 마취의 수수께끼

일본을 기준으로 현재 한 해 250만 건의 전신마취 시술이 이루어지고 있다. 만약 마취약이 없었더라면 그중 얼마나 많은 사람이 목숨을 잃고, 또 얼마나 많은 사람이 끔찍한 고통에 시달려야 했을까? 상상만 해도 정신이 아찔해질 정도다. 세상에 존재하는 온갖 다양한 의약품 중에서 우리 인류에게 가장 크게 이바지한 약물은 무엇일까? 아마도 마취약이 아닐까?

좀 더 효과적인 마취약을 찾는 연구는 앞으로도 쉼 없이 계속될 것이다. 문제는 마취의 수수께끼를 풀지 못했다는 데 있다. 한 세기 반 가까이 세계 곳곳에서 마취약을 사용했지만 지금도 마취의 원리를 속 시원히 풀어내지 못하고 있다. 정확한 원리를 모르고서야 장님 코끼리 더듬는 격의 연구 수준을 벗어나기 힘들다.

흡입 마취에 사용하는 화합물의 구조는 천차만별이다. 앞에서 소개한 아산화질소(N_2O), 에테르($C_2H_5OC_2H_5$), 클로로폼($CHCl_3$) 외에도 사이클로프로페인(Cyclopropane, C_3H_6), 할로탄(Halothane, $C_2HBrClF_3$), 아이소플루레인($C_3H_2ClF_5O$), 제논(Xe) 등이 마취 작용을 한다고 알려졌지만, 각 분자식을 살펴보면 아무런 공통점을 발견할 수 없다.

세포막에 녹아 들어가 유동성을 변화시키거나 신경전달물질수용체에 작용한다는 등의 가설이 나오기는 했다. 그러나 이에 대한 반론도 만만치 않아서 아직 결정적인 학설은 정립되지 못한 실정이다.

매일 밥 먹듯 행해지는 마취 원리가 전혀 파악되지 않았다는 이야기를 들으면 어쩐지 꺼림칙해진다. 그렇기는 해도 마취라는 분야에 관한 수많은 연구자의 도전이 지금 이 순간에도 끊임없이 이루어지고 있다.

인간의 '의식'은 현대과학으로도 풀지 못한 최고 미지의 영역에 속한다. 마취가 인간의 의식에 직접 작용하는 이상 그 원리를 확실하게 밝혀내지 못하는 건 어찌 보면 당연한 일이다. 아무튼, 마취 연구가 사람의 마음과 의식이라는 인류 최대 수수께끼를 풀 열쇠를 제공해줄 수 있지 않을까? 마취가 인류에게 선물한 은혜는 이루 헤아릴 수 없을 정도로 크다. 그러나 마취의 진정한 가능성을 깨닫는 날은 아직 다가오지 않은 먼 훗날의 일일 수도 있다.

06

DISINFECTANT

병원을
위생 공간으로
탈바꿈시킨 주인공,
소독약

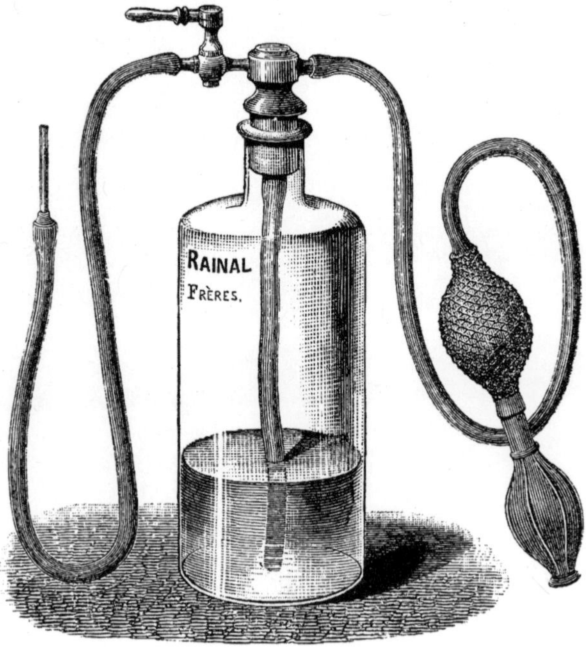
RAINAL
FRÈRES.

인류 역사를 은밀히 뒤바꾼 작은 원인, 산욕열

'병원'이라는 말을 들었을 때 가장 먼저 떠오르는 이미지는 무엇인가? 의사와 간호사의 새하얀 옷, 마스크, 코를 찌르는 소독약 냄새 같은 게 아닐까? 하얀 옷이나 소독약은 모두 위생관리를 위해 존재하는 물건들이다. 그러나 병원이 정말로 위생적인 공간인지 묻는다면 솔직히 고개를 가로저을 수밖에 없다. 병원이 위생의 대명사가 된 시기는 생각보다 그리 오래되지 않았기 때문이다. 인류는 소독이라는 개념이 발견되고 보급되어 정착하기까지 멀고 지루한 에움길을 굽이굽이 돌아왔다. 자, 이제 소독약의 역사 속으로 들어가보자.

현재 일본인의 평균수명은 여성이 86.83세, 남성이 80.50세라고 한다.(2014년 기준) 여성이 남성보다 6년가량 장수하는 셈으로, 이러한 경향은 선진국에서 공통으로 찾아볼 수 있는 일반적인 현상이다. 다양한 요소가 이리저리 맞물려 있지만, 기본적으로 하늘에서 내려주신 수명은 여성이 남성보다 몇 년 더 긴 듯하다.

그러나 메이지 시대(1868~1912년)의 평균수명을 살펴보면 남성이 43.97세, 여성이 44.85세(1899~1903년 조사)로, 여성의 수명은 오늘날과 비교해 훨씬 짧다. 당시 출산은 생명의 위협을 동반하는 위험한 통과의례였기 때문이다.

20세기 초, 일본에서는 10만 명당 400명, 즉 250명 중 한 명의 임신부가 출산으로 목숨을 잃었다. 1950년에는 이 수치가 10만 명당 160명으로 줄었고, 지금은 10만 명당 3명으로 감소했다. 여성 한 명이 평생 출산하는 자녀의 수를 나타내는 합계출산율도 대폭 감소했다. 오늘날 출산은 더는 목숨을 걸고 감내해야 하는 위험한 통과의례가 아니다. 또한 '산후 몸조리를 잘못하면 평생 고생한다'는 이야기도 점차 과거의 이야기가 되어가고 있다.

출산 직후에 여성이 사망하는 주된 원인은 '산욕열(産褥熱)'이라는 이름으로 뭉뚱그려 불렸던 질병이다. '산욕'은 본래 출산 시 사용되는 이부자리로, 출산 직후부터 산모가 회복할 때까지의 기간을 가리킨다. 산욕열은 현재는 '분만 종료 24시간 이후 산욕 10일 이내에 2일 이상 38℃ 이상의 발열이 지속하는 경우'라고 정의한다. 산욕열은 태반 박리, 출산으로 생긴 상처 등으로 세균이 침입해 발생한다.

환자는 고열과 가래, 심한 두통으로 고생한다. 심한 경우 두 번 다시 임신할 수 없을 정도로 배가 부풀어 오르고, 며칠 동안 고통으로 몸부림치다 끝내 눈을 감는다. 이 병은 출산이라는 인생에서 가장 멋진 순간을 마른하늘에 날벼락처럼 덮치며 사랑하는 사람을 순식간에 빼앗아간다. 그런 까닭에 이 병은 다른 어떤 질환보다 훨씬 비극적이다.

전설에 따르면, 지금으로부터 2,600여 년 전 석가모니를 낳은 마야 부인은 출산 후 이레째 되는 날 세상을 떠났다. 자세한 의학적 기록은 남아 있지 않지만, 산욕열 합병증으로 인한 사망으로 추측하는 사람이 많다. 어머니를 여읜 석가모니는 우울한 청년 시절을 보냈다고 한다. 그리고 그는 수많은 고행 끝에 마침내 큰 깨달음을 얻었다. 이 이야기를 액면 그대로 받아들인다면 자기 어머니를 돌아오지 못할 곳으로 영원히 떠나보내게 만든 산욕열은 석가모니의 정신세계뿐 아니라 오늘날 세계 제3대 종교 중 하나인 불교의 성립에도 지대한 영향을 끼친 셈이다.

수백 년 후, BC 54년 로마에서는 율리우스 카이사르의 딸이었던 율리아가 출산 도중에 목숨을 잃었다. 율리아는 아버지의 방침에 따라 그나이우스 폼페이우스 장군에게 시집갔다. 두 사람은 스무 살 가까이 나이 차이가 났음에도 부부 금실은 좋았다고 한다. 카이사르와 폼페이우스라는 걸출한 두 영웅 사이를 현명하게 조율하는 역할을 맡았던 율리아 역시 절대 평범하지 않은 여성이었다. 그러나 율리아는 갓 태어난 딸과 함께 이십 대 후반의 꽃다운 나이에 저

세상 사람이 되었다.

율리아가 죽고 나서 카이사르와 폼페이우스는 나날이 더욱 날카롭게 대립각을 세워갔다. 두 사람 사이의 골은 깊어질 대로 깊어졌다. 그리고 5년 후 드디어 내전에 돌입한다(카이사르의 "주사위는 던져졌다"라는 명언은 이때 나온 말이다). 카이사르는 내전에서 승리하고 벼랑 끝으로 내몰린 로마 공화정을 혁신하는 대책을 수립한다. 만약 율리아가 그렇게 일찍 죽지 않았더라면 로마사의 흐름은 상당히 달라졌을지도 모른다.

자, 이제 세월을 뛰어넘어 르네상스 시대로 가보자. 이 시대의 미녀 루크레치아 보르자도 일곱 번째 아이를 출산하고 산욕열로 죽음을 맞이했다. 그녀는 교황 알렉산데르 6세를 아버지로 두었으며, 오빠인 체사레 보르자의 야망을 위해 세 번이나 정략결혼의 도구로 이용당한 인물이다.

바다 건너 영국 왕 헨리 8세의 외동아들(나중에 에드워드 6세가 된다)을 낳은 왕비 제인 시모어, 프랑스의 루이 7세의 왕비였던 카스티유, 이치조 일왕의 황후 후지와라노 사다코, 인도 무굴제국의 왕비 뭄 타즈마할(유명한 타즈마할은 그녀의 죽음을 애도하기 위해 세워졌다) 등 출산으로 목숨을 잃은 여성은 셀 수 없이 많다. 당시 가장 좋은 조건에서 출산에 임한 왕가의 여인들조차 이러했으니 일반 서민은 차마 눈 뜨고 보기 어려운 열악한 상황에서 말 그대로 목숨을 걸고 아이를 낳았을 것이다.

과거 산발적으로 일어난 이 질환은 도시화로 사람들이 밀집해 살기 시작하면서 집단 발생한다. 최초의 사례는 17세기 중반 프랑스 파리의 병원인 '오테르듀(신의 궁전이라는 뜻으로 현재 파리 시립병원)'에서 일어났다. 이 병원은 가난한 여성들을 격리 수용해 치료한다는 방침에 따라 세워졌는데, 당시로는 상당히 훌륭한 치료 시설이었다. 그러나 이 병원만으로는 벌떼처럼 몰려드는 환자들을 감당할 수 없는 절망적인 상황이 이어졌다.

세탁할 겨를이 없어 늘 꼬질꼬질한 침대보에는 벼룩과 이가 들끓었다. 한마디로 위생이 엉망이었다. 게다가 한 침대에 몇 명의 환자가 함께 누워 지내야 했다. 병원에서 사용하는 물은 파리의 온갖 하수가 그대로 흘러드는 센 강에서 직접 끌어다 썼다.

이런 환경에서 전염병이 발생하지 않는 게 신기할 정도였다. 그러나 당시에는 세균에 관한 개념조차 희박했으므로 산욕열 발생과 열악한 위생환경을 연결 지어 생각하는 사람은 거의 없었다.

다른 도시에서도 그와 별반 다르지 않은 상황이 자주 연출되었다. 산욕열은 유럽과 미국 전역에 창궐하는 돌림병으로 발전해갔다. 산욕열 유행이 정점에 달했던 1772년에는 임신부 다섯 명 중 한 명이 이 질병으로 목숨을 잃을 정도로 심각했다. 이러한 상황은 19세기 중반까지 이어졌고, 크게 개선되지 않았다. 산욕열의 원인은 여전히 불분명했다.

임신부의 주검에서 피어오르는 독기(Miasma, 미아즈마, 온갖 질병이 나쁜 공기에서 발생한다는 학설—옮긴이)가 주범이라는 주장과 분만 시 자궁에 남은 조직이 부패해 생긴다는 주장이 제기되었다. 모유가 변질되어 생기는 병이라는 주장도 제기되었다. 그러나 이 병을 근본적으로 치료하고 원인을 밝혀줄 확실한 돌파구가 될 만한 주장은 나오지 않았다.

임신부 사망률을 낮춘 '제멜바이스 손 씻기 방법'

이 상황을 타개한 사람은 오스트리아 빈 대학교 종합병원에 근무하던 헝가리 출신 의사 이그나즈 제멜바이스(Ignaz Philipp Semmelweis)였다. 그는 스물일곱 살 되던 1846년 무렵부터 본격적으로 연구에 착수했다. 산욕열을 줄일 뾰족한 수가 없을지 고민하던 그는 먼저 자신이 가지고 있던 관련 자료를 상세히 분석하기 시작했다.

그 무렵, 그가 몸담고 있던 병원에는 묘한 소문이 돌고 있었다. 교수와 학생이 근무하는 제1 산과와 주로 조산사가 근무하는 제2 산과 중 제1 산과가 산욕열 발생이 훨씬 잦다는 소문이었다. 제멜바이스가 실제 기록을 조사해보았더니, 소문은 사실로 드러났다. 의학 지식이 풍부한 교수와 의대생들이 분만에 임하는 제1 산과는 산욕열 발생률이 제2 산과보다 거의 두 배 가까이 높았다.

제멜바이스는 시험 삼아 제1 산과와 제2 산과 근무자를 전원 교체해보았다. 그 결과, 제2 산과 산욕열 발생률이 껑충 뛰어올랐다. 이 현상은 그때까지 원인으로 제기되었던 갖가지 주장으로는 도저히 설명할 길이 없었다.

산욕열 유행이 정점에 달했던
1772년에는 임신부 다섯 명 중 한 명이
이 질병으로 목숨을 잃었다.
이러한 상황은 19세기 중반까지 이어졌고,
크게 개선되지 않았다.
산욕열의 원인은 여전히 불분명했다.

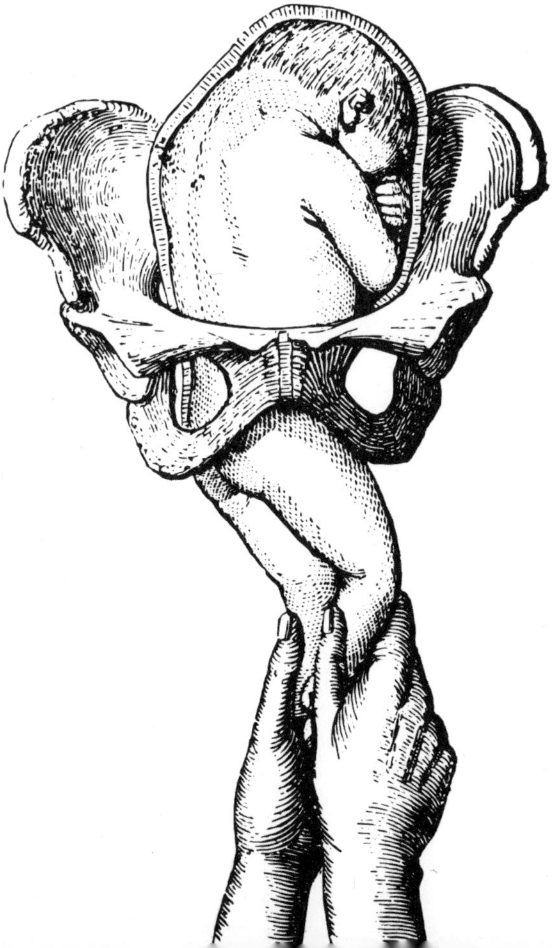

그러던 어느 날, 제멜바이스의 동료 의사가 수술 중 사고로 사망했다. 그 동료는 산욕열로 숨진 임신부의 검시를 집도하던 중 메스로 자신의 손에 상처를 내고 말았다. 실수로 일어난 사고였다. 동료 의사가 사망에 이르기까지의 경과는 여태까지 보아온 산욕열 환자와 판박이처럼 똑같았다. 즉, 산욕열로 사망한 여성의 시신에서 정체불명의 감염성 물질이 의사의 손에 묻었고, 이 물질이 다음 임신부에게 옮겨가며 병이 발생한다는 가설을 세울 수 있었다. 조산사들이 일하는 산과에서 산욕열 발생률이 낮은 이유는 조산사들은 해부에 참여하지 않으므로 감염성 물질을 옮길 확률이 낮기 때문이라고 해석할 수 있었다. 자신과 같은 의사들이 산욕열을 옮기는 운반책이라는 사실을 발견한 제멜바이스는 경악했다.

제멜바이스는 검시를 마친 후에 비누로 손을 씻고, 다시 염소수에 손을 담그고, 솔로 박박 문질러 씻는다는 대책을 세운 뒤 바로 실천에 들어갔다. 손톱 사이에 독소가 들어갈 가능성을 줄이기 위해 손톱을 될 수 있는 대로 바짝 자르고 손톱 사이도 꼼꼼하게 솔로 문질러 닦았다. 자신이 가르치던 의대생들과 동료 의사들에게도 손 씻기를 명령했고, 거부하는 사람에게는 호통을 쳐서라도 따르게 했다.

효과는 놀라웠다. 손 씻기를 실천하고 나서 몇 개월 만에 12퍼센트였던 제1 산과 사망률은 3퍼센트까지 내려갔다. 더 나아가 속옷과 의료기구까지 철저하게 소독하자 사망률은 0.5퍼센트까지 뚝 떨어졌다(사망률은 문헌에 따라 약간씩 차이가 난다). 의학사에서 그 유례를 찾아보기 힘든 통쾌한 승리였다.

제멜바이스가 고안한 손 씻기 방법은 기본적으로 그대로 현대 의사들에게 계승되었다.

19세기 의학계가 '제멜바이스 가설'을 배척한 이유

제멜바이스의 획기적인 발견을 당시 학회는 마뜩잖게 여겼다. 그중에서도 '병리학의 교황'이라는 칭호까지 얻은, 독일 의학계의 권위자 루돌프 피르호(Rudolf Ludwig Karl Virchow) 교수는 다짜고짜 제멜바이스 가설을 공격하며 전면 부정했다. 피르호는 산욕열이 '나쁜 공기'로 인해 생긴다는 주장을 부르짖어왔던 터였다. 그 탓에 신출내기 의사였던 제멜바이스 가설을 인정하는 것은 그의 자존심이 도저히 허락하지 않았다.

그러나 몇몇 양심 있는 의사들은 제멜바이스가 권고하는 손 씻기 수칙을 시험했다. 그리고 그들은 그 방법으로 산욕열이 눈에 띄게 줄어든다는 사실을 깨달았다. 급기야 그때까지 자신이 수많은 여성을 죽음으로 내몰았다는 사실에 충격받아 죄책감에 시달리다 자살하는 의사까지 나타났다.

그러나 대부분 의사는 자신이 살인자라는 사실을 인정해야 한다는 현실을 견디지 못하고 제멜바이스 가설을 거세게 공격하는 여론몰이에 가담했다. 제멜바이스의 상사였던 클라인 교수는 한술 더 떴다. 그는 자신의 밥그릇을 지키기 위해 제멜바이스 가설에 맹렬한 공격을 퍼부었다. 그리고 결국 눈엣가시 같던 제멜바이스를 빈 대학교 종합병원에서 몰아냈다.

낙담한 제멜바이스는 고향인 헝가리로 돌아가 소독법 보급에 힘썼다. 하지만 오랜 세월 격무에 시달린 후유증으로 정신 질환이 발병해 입원하고 만다. 획기적인 소독법 개발에 헌신한 제멜바이스는 정신 이상으로 날뛰던 그를 제압하는 과정에 시설 직원에게 얻어맞아 덧난 상처가 원인이 되어 사망한다. 때는 1865년 일본에서는 바쿠후 말의 혼란기에 해당하는 시기에 일어난 사건이었다. 감염병을 극복하기 위해 자신을 헌신하고 크게 공헌한 인물에게는 너무도 불운한 한평생으로, 딱하고 안타깝기 그지없는 허망한 죽음이었다.

이후 의료 현장의 위생환경이 실질적으로 개선될 때까지 인류는 플로렌스 나이팅게일의 활약을 기다려야 했다. 플로렌스 나이팅게일 역시 통계 자료를 바탕으로 상황을 정확하게 분석하며 의료 개혁에 헌신했다. 그리고 그녀의 개혁은 현실로 이루어지며 값진 결실을 보았다. 어느 시대에나 세계를 바꾸는 원동력은 정확한 데이터와 그 데이터를 뒷받침하는 의지의 힘이 아닐까?

영국 외과 의사 조지프 리스터, 소독의 대명사가 되다

상처 부위에서 일어나는 세균 감염이 출산 현장에서만 일어나는 것은 아니었다. 외과수술 할 때도 상처에 감염이 일어나 고름과 진물, 발열로 이어지는 경우가 적지 않았기 때문이다. 이는 '수술열'이라는 말까지 유행어가 될 만큼 19세기 외과 의사들에게는 큰 골칫거리였다. 게다가 사지를 절단한 환자의 사망률이 80퍼센트에 달하는 병원도 있을 정도였다. 사정이 그렇다 보니, 병원 문턱을 넘는 것이 죽음의 문턱을 넘는 일이나 다름없다는 말까지 나돌았다. 실제로 당시에는 작은 종기 수술만으로도 생명을 잃는 경우가 적지 않았다.

영국의 외과 의사인 조지프 리스터(Joseph Lister)가 이 문제를 해결하기 위해 두 팔 걷어붙이고 나섰다. 그는 단순 골절이라면 그 부위를 고정해서 쓰지 못하게 하면 자연히 치료되지만, 뼈가 피부를 뚫고 나온 '개방 골절'에서는 부목 치료만으로는 예후가 좋지 않다는 사실을 깨달았다. 상처 부위가 외부 공기와 맞닿으며 무언가 나쁜 영향을 미치는 게 틀림없어 보였다.

리스터는 프랑스 출신의 생화학자 파스퇴르의 학설을 접목했다. 파스퇴르가 공기 중에 방치한 소고기 수프는 바로 부패해 썩은 내를 폴폴 풍겼고, 이로써 가열한 후 세균이 침입하지 못하도록 밀봉해서 보관한 소고기 수프는 부패하지 않는다는 사실을 발견했다.

그렇다면 상처 부위에 세균이 들어가지 못하도록 하면 어떨까? 이 문제를 곰곰이 생각하던 리스터는 문득 눈에 들어온 신문기사에 시선을 빼앗겼다. 하수도의 악취를 견디지 못한 주민들이 다양한 대책을 마련해 콜타르를 증류해 만들어진 크레오소트(Creosote)

기름으로 효과를 보았다는 기사였다.

그는 이런 생각을 했다. '하수의 부패를 막는 성분이 크레오소트유에 포함되어 있다면 환자의 상처 부위가 부패하는 현상도 막을 수 있지 않을까?' 리스터는 콜타르 성분의 화학물질을 이것저것 시험했고, 페놀이라는 화합물이 효과가 있다는 결론에 이르렀다. 페놀은 벤젠고리(거북이 등딱지 모양)에 하이드록시기 하나가 붙어 있는 단순한 분자 구조로 이루어진 화합물이다.

리스터는 마차 사고로 다리뼈가 부러진 소년의 수술에 처음으로 페놀 소독을 적용했다. 기록이 정확하다면 제멜바이스가 죽음을 맞이한 바로 그날인 1865년 8월 12일의 일이었다. 부러진 뼈와 그 주변을 페놀에 적신 천으로 닦고, 역시 페놀에 적신 아마 섬유(linen)로 상처를 감쌌다. 그 결과, 소년은 열 한 번 오르지 않고 말끔히 완치되었다. 리스터는 그 후로도 몇 차례 수술에 페놀 소독을 적용해 큰 성과를 거두었다. 자신감을 얻은 리스터는 수술실에 페놀 용액을 분무했고, 무균 상태에서 수술을 집도하는 방법까지 고안했다.

당시, 세균이라는 눈에 보이지 않는 존재를 믿지 않던 의사들도 적지 않았다. 그러나 성공 사례가 차곡차곡 쌓여가자 차츰 반론의 목소리도 줄어들었다. 동시에 세균학의 진보도 리스터의 방법을 뒷받침해주었다. 결국 리스터는 빅토리아 여왕의 농양 수술에 입회했고, 에드워드 7세의 맹장 수술 집도의에 지명되었다. 그는 승승장구하며 왕립협회 회장으로 선출되었으며, 의사로서는 최초로 남작 작위를 하사받았다. 제멜바이스와는 정반대로 리스터는 수술 감염증을 추방한 영웅으로 온갖 명예를 누리며 한평생을 보냈다.

리스터의 이름은 지금도 소독의 대명사처럼 인식되고 있다. 예를 들어, 세계 각지 가정의 욕실 선반에 한 자리를 차지하고 있는 구강 소독제인 '리스테린'이라는 상품은 리스터의 이름에서 따온 이름이다(다만 리스테린에는 페놀 성분은 들어 있지 않다).

후일 독성이 있는 페놀은 다른 화합물로 대체되었고 지금은 거의 사용되지 않는다. 코를 찌르는, 흔히 말하는 병원 소독 냄새는 페놀과 비슷한 구조를 지닌 크레솔이라는 약품이 만들어내는 냄새다. 한데, 이 역시 최근에는 사용이 눈에 띄게 줄고 있다.

어쨌든 '소독'이라는 개념은 사람들의 뇌리에 또렷하게 각인되었고, 의료 현장의 위생 상태도 비교 불가능할 정도로 개선되었다. 요즘은 갖가지 항균 제품이 넘쳐나는 데다 사람들의 위생 관념은 강박으로 느껴질 정도로 지나친 측면도 있다. 소독 보급에 평생을 바친 제멜바이스와 리스터는 천국에서 이 상황을 어떤 눈으로 지켜보고 있을까?

소독 기술은 감염증에 대항하는 크나큰 한 걸음이었지만, 우리 몸에 들어온 세균을 퇴치하지는 못했다. 페놀은 상처 부위 소독에는 효과가 있었지만, 먹는 약처럼 입으로 삼키면 세균보다 먼저 우리 몸의 세포에 손상을 입힌다. 우리 몸에 자리 잡은 병원균과 싸움에 승리할 때까지 인류에게는 몇십 년이라는 시간이 더 필요했다.

07

SALVARSAN

저주받은 성병 매독을 물리쳐준 구세주, 살바르산

RAINAL
FRERES
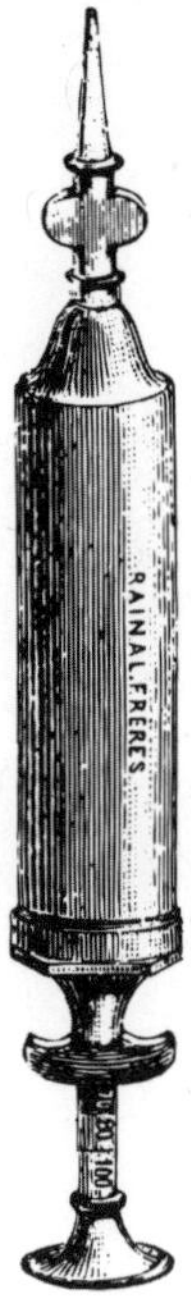
RAINAL FRERES

16세기 한때 파리 시민 3분의 1이 매독 환자였다는데?

감염증에 대한 공포와 감염증이 우리 인류사에 미친 영향력은 말로 다 할 수 없을 만큼 크고 강력하다는 사실을 우리는 이미 앞에서 살펴보았다. 만약 페스트, 천연두, 콜레라, 인플루엔자 같은 병들이 존재하지 않았더라면 아마도 오늘날 세계는 지금과는 상당히 다른 모습을 하고 있을 것이다.

그런 사례로 하나 더 들 수 있는 것이 바로 매독이다. 매독 역시 인류 역사를 한바탕 뒤흔들어놓은 감염성 질환 중 하나다. 매독이라는 질병은 '매독 트레포네마'라고 불리는 나선 모양의 세균에서 비롯된다. 이 세균은 성행위 할 때 주로 전파되며, 상처 부위를 통해 몸속으로 침입한다.

매독의 증상 진행은 4기로 나눌 수 있다. 제일 먼저 음부와 구강 주위에 딱딱한 멍울이 잡히는 제1기다. 이어서 온몸의 림프샘이 부어오르고 전신에 울긋불긋한 발진이 나타나는 제2기로 넘어간다. 매독에 걸린 후 3년이 지날 때까지의 시기를 말한다. 제3기에는 얼굴과 뼈, 근육, 내장 등에 고무처럼 물컹물컹한 혹이 생기고 코가 떨어져 나가는 등의 신체 결손 현상과 같은 심각한 증상이 나타난다. 10년 이상 지난 제4기에는 뇌와 신경에 매독균이 침범하여 진행성 마비(마비성 치매) 등의 증상을 일으키고, 종국에는 사망에 이르게 한다.

매독이라는 질병은 구체적으로 언제 인류 역사에 등장했을까? 15세기 말 즈음이었다. 그 시기에 이 질환은 그야말로 홀연히 세계사에 모습을 드러냈다. 본래 아메리카 대륙에 있던 질병을 콜럼버스 일행이 유럽으로 들여왔다는 철학자 볼테르의 가설이 유력하지만, 이를 뒷받침하는 확실한 증거는 없다. 이미 유럽에 존재했던 병원균이 모종의 계기로 대유행했거나 상대적으로 해가 적었던 세균이 변이를 일으켜 높은 병원성을 얻었다는 주장도 있다.

그러나 적어도 15세기 이전의 유라시아 대륙에서 매독과 유사한 질병이 유행했다는 확실한 기록은 아직 발견되지 않았다. 또 이 시기 이전의 유럽이나 아시아에서도 매독으로 인한 병변이 생긴 인골은 발견되지 않았으나 남북 아메리카 대륙 곳곳에서 발굴 작업이 진행되고 있다. 여러 정황 증거를 이리저리 짜깁기해 나름대로 결론을 내려보면 대략 다음과 같다. 콜럼버스 일행 중 누군가가 아메리카 대륙에서 매독에 걸렸거나, 그들이 유럽까지 끌고 온 노예 중에 보균자가 있었을 것이다. 이러한 추정이 논리적으로 자연스러운 결론이다.

이 병은 1494년부터 그 이듬해에 걸쳐 프랑스 샤를 8세가 나폴리를 포위했을 당시 유행했다는 최초의 기록이 남아 있다. 아마 군인들을 상대했던 매춘부들을 매개로 하여 감염이 확대되었고, 군대와 윤락가 양쪽에서 환자가 발생하지 않았을까? 군대와 매춘 업소는 서로 발병의 책임을 상대방에게 떠넘겼다.

수많은 병사를 잃은 샤를 8세는 어쩔 수 없이 이탈리아 공격을 포기해야 했다. 그의 군대는 막대한 손실만 입은 채 프랑스로 퇴각했다. 프랑스군 진영에 있던 용병들은 프랑스와 영국, 독일, 스위스, 폴란드, 헝가리 등 각자 자신들의 고향으로 돌아갔다. 이후 그들은 이 무시무시한 병을 유럽 전역에 골고루 퍼뜨렸다. 매독은 러시아에서는 '폴란드 병', 폴란드에서는 '독일 병', 네덜란드에서는 '스페인 병', 영국과 이탈리아에서는 '프랑스 병'으로 불렸다. 정체불명의 꺼림칙한 질병을 남의 나라 탓으로 돌리고 싶어 했던 마음은 예나 지금이나 매한가지였던 모양이다.

병의 확산 계기를 마련한 샤를 8세 본인도 매독을 피해 가지 못했다. 프랑스 왕 프란시스 1세, 잉글랜드 왕 헨리 8세 등 널리 이름이 알려진 쟁쟁한 왕들은 하나같이 매독이 원인이 되어 세상을 떠났다. 매독은 지위 고하를 따지지 않았기에 왕과 장군, 귀족에서부터 일반 시민에까지 널리 퍼졌다. 한때는 파리 시민의 3분의 1이 매독에 걸릴 정도였으니, 성병이라고 얕잡아볼 상황이 전혀 아니었다.

매독은 문화에도 만만치 않은 영향력을 발휘했다. 그에 관한 재미있는 사례로, 유럽에서 가발 착용이 유행한 시기는 매독으로 머리카락이 빠진 모습을 감추기 위해 시작되면서부터라고 한다. 또 매독이 극성을 부리며 르네상스 시대의 문란한 성생활을 혐오하는 분위기가 팽배하면서 금욕을 강조하는 청교도 사상이 들불처럼 번져나갔다. 더 나아가 참다못한 영국에서 청교도 혁명이 일어났고, 미국이라는 나라의 건국으로 이어졌다. 이쯤 되면 매독이 세계사의 흐름에 미친 영향은 우리의 상상을 뛰어넘는 수준이었다.

천하의 영웅 도쿠가와 이에야스도 공포에 떨게 한 질병, 매독

유럽 전역을 강타한 매독은 급기야 유럽 밖으로 진출했다. 1498년에는 바스쿠 다 가마의 함대가 아프리카 남단을 돌아 인도에 도달하는 쾌거를 이루었다. 한데, 하필 이 함대에 매독 환자가 섞여 있었다. 같은 해 매독은 인도에 상륙해 대유행했고, 말레이반도를 거쳐 1500년에는 중국 광둥성으로 진출했다.

매독으로 생긴 부스럼이 양매(楊梅)라고도 부르는 소귀나무 열매를 빼닮았다고 해서 중국인들은 이 병을 '양매창(楊梅瘡)'이라는

매독은 지위 고하를 따지지 않았기에
왕과 장군, 귀족에서부터 일반 시민에까지 널리 퍼졌다.
한때는 파리 시민의 3분의 1이 매독에 걸릴 정도였으니,
성병이라고 얕잡아볼 상황이 전혀 아니었다.

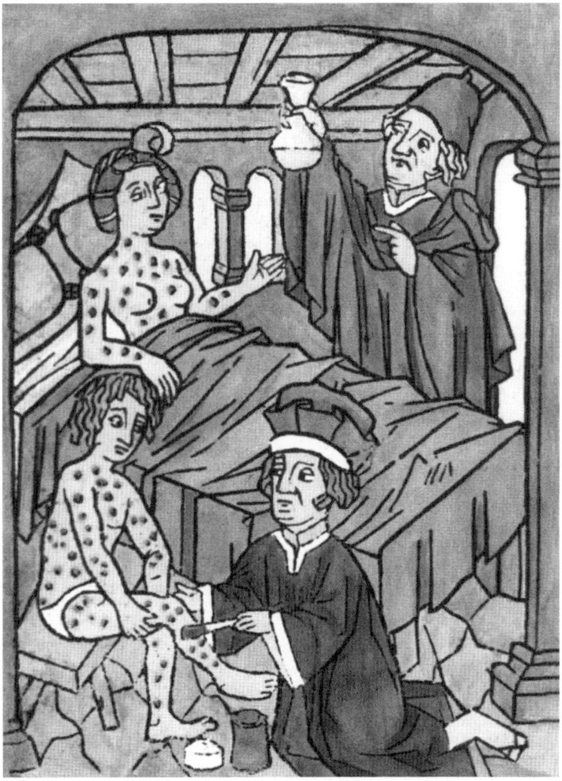

이름으로 불렸다. '매독'이라는 병명은 양매창이 변화되어 생긴 이름이라고 한다.

매독은 서서히 북상하여 1510년에는 수도 베이징에 입성했다. 섬나라 일본 역시 매독의 마수에서 벗어나지 못했다. 1512년에는 오사카가 있는 일본 간사이 지방에 매독이 상륙했고, 이듬해에는 오늘날의 수도 도쿄가 자리한 간토 지방에까지 퍼져나갔다. 일본에서도 매독은 그야말로 신분 고하를 막론하고 엄청난 위력을 발휘하며 맹위를 떨쳤다. 교통수단이 발달하지 않았던 시대 배경을 고려하면 벌어진 입이 다물어지지 않을 정도로 엄청난 확산 속도였다. 다네가시마섬(현재 일본 규슈 가고시마현에 속한 섬으로, 포르투갈 상인에 의해 대포와 소총 등의 서양식 신무기가 전래하였다.—옮긴이)에 철포가 들어온 때가 1543년이었고, 기독교가 들어온 해가 1549년이었으니 문명의 이기도 신의 가르침도 매독균에는 30년 이상 뒤처졌던 셈이다.

당시 전국시대였던 일본에서는 가토 기요마사, 구로다 요시타카, 마에다 도시나가, 아사노 요시나가 등 내로라하는 무장들이 매독에 걸렸다고 추정된다. 젊은 시절부터 도요토미 히데요시 휘하에서 많은 공을 세우고 절대적인 믿음을 얻었던 맹장 오타니 요시쓰구도 그중 한 사람이었다(참고로, 매독이 아니라 한센병이라는 주장도 있다).

도요토미 히데요시가 "요시쓰구에게 100만 군사를 내주어 지휘를 한번 맡겨보고 싶다"라고 말했다 하니 그가 얼마나 깊이 신뢰하는 부하였는지 짐작할 만하다. 천하의 명장이었다는 요시쓰구였지만, 매독으로 얼굴이 망가져 흰 천으로 얼굴을 감추고 생활했다고 한다.

그 요시쓰구를 위해서라면 목숨을 내주어도 아깝지 않다며 깊은 우정을 과시했던 인물이 바로 이시다 미쓰나리였다. 어느 차 모임에서 무장들이 차를 마시며 담소를 나누고 있을 때였다. 요시쓰구의 얼굴에 생긴 종기에서 고름이 찻잔으로 방울방울 떨어졌다. 찻잔 하나로 돌려 마시며 친교를 다지는 차 모임에서 고름이 들어간 차를 마시겠다고 나서는 사람은 한 명도 없었다. 그러자 미쓰나리가 나서서 조금도 망설이지 않고 찻잔을 비웠다고 한다. 두 사람의 깊은 우정을 보여주는 유명한 일화다.

세키가하라 전투가 벌어졌을 때 요시쓰구는 병세가 악화하였지만, 절친한 벗 미쓰나리의 권유로 아픈 몸을 이끌고 참전했다. 요시쓰구는 서군의 중심으로 분투했으나 고바야카와 히데아키의 배신으로 패배한 뒤 자결한다. 오타니 요시쓰구의 죽음에 그가 속한 진영 전체가 술렁거렸고, 서군은 총공세를 당하는 직접적인 계기가 되었다.

한편 동군을 총지휘했던 도쿠가와 이에야스는 매독이 두려워 유락 여성들 근처에도 가지 않는 등 평소에도 지나칠 정도로 몸을 사렸다고 한다. 그러고 보면 천하 통일의 판도가 매독이라는 병에 의해 이미 결정되어 있었는지도 모를 일이다.

도쿠가와 이에야스는 병적일 정도로 지나치게 건강에 신경을 썼다. 그 덕분인지 이에야스는 당시로써는 매우 이례적인 75세의 나이에 죽음을 맞이했다. 그는 에도 바쿠후 제도를 확립하고 히데요시 가신의 멸망을 지켜보는 등 인생 말년까지 정력적으로 일하며 긴 인생을 미련도 후회도 없이 살다 갔다. 자신의 목숨을 아끼지 않는 영웅호걸이 활개를 치던 전국시대. 당대의 극심한 혼란 상황을 모두 깨끗이 수습하고 천하 통일의 대위업을 달성한 인물이 건강염려증 환자였다는 사실이 자못 흥미롭다. 그의 극도로 몸을 사리는 생활방식이 무병장수에 보탬 되었다는 사실을 알고 나면 새록새록 역사가 더욱 재미있어지는 것 같지 않은가?

이후로도 매독은 유곽 등을 통해 퍼져나갔고, 서민 계층에 만연했다. 스기타 겐파쿠(일본 에도시대 양방 의사로 네덜란드에서 들어온 서양의학을 공부해 『해체신서』라는 해부학 번역서를 출간하기도 했다.—옮긴이)는 "환자 1,000명이 있으면 700~800명은 매독 환자다"라는 기록을 남기기도 했다. 용케도 오늘날 일본의 수도가 된 에도(도쿄의 옛 이름—옮긴이)가 죽음의 도시로 전락하지 않았다는 생각에 안도감이 들기도 하지만, 아무튼 그 무렵 매독은 유행 초기와 비교하면 증상이 비교적 가벼워졌다. 기세가 한풀 꺾인 매독은 다른 감염성 질환에서도 흔히 찾아볼 수 있는 현상이다. 사망률이 너무 높으면 감염을 퍼뜨리기 전에 환자가 죽어 나가 인간 쪽에서도 죽기 살기로 경계를 강화하기 때문이다. 병원균은 인류와 공존할 수 있도록 서서히 증상을 가볍게 만들며 진화를 거듭했다.

그러나 매독은 여전히 무서운 질병이었다. 근대 일본에서는 사상가인 오카와 슈메이의 사례가 유명하다. 오카와 슈메이는 일본 주의를 부르짖으며 태평양 전쟁을 사상적으로 뒷받침했다는 죄목으로 민간인으로는 유일하게 A급 전범으로 지목되어 세계적인 유명 인사가 되었다. 그러나 그는 재판이 벌어질 무렵 이미 매독 합병증으로 정신 이상을 일으켜 도쿄 재판 법정에서 도조 히데키의 뒤통수를 때리는 기행을 연출했다. 당시 영상은 지금도 남아 있는데, 인간의 육체뿐 아니라 정신까지 좀먹고 철저하게 파괴하는 매독이라는 질병의 무서움을 적나라하게 보여준다.

매독 환자를 말라리아에 걸리게 하여 매독을 치료한다고?

이 위험천만한 매독이라는 질병의 치료법을 찾기 위해 예로부터 다양한 수단이 동원되었다. 중앙아메리카 원산인 유창목(학명: Guaiacum officinale)의 나뭇진이 매독에 효과가 있다고 알려져 귀한 대접을 받았다.

현대과학의 눈으로 보면, 이 나뭇진에서 특별한 약효 성분은 찾을 수 없으며 기껏해야 성분에서 유래한 구아이아줄렌(Guaiazulene)에 약간의 항염 효과가 있는 정도다. 그러나 유창목은 대량으로 벌목되어 수입업자에게 막대한 부를 안겨주었다. 오늘날까지 명맥을 유지하고 있는 독일의 후커(Hooker) 가문도 그중 하나다. 이 가문은 교황의 자리와 신성 로마 제국 황제 지위까지 좌지우지할 정도로

당시에는 수은으로 매독을 치료하는 요법이
널리 사용되었다. 일반적으로 중금속에는
살균 효과가 있어 수은 요법도 나름대로 효과는 있었다.
그러나 제대로 된 치료 효과를 기대하기에는
수은의 독성이 너무 강했다.

엄청난 재력과 막강한 영향력을 가지고 있었다. 한데, 이 가문의 많은 재산도 대부분 유창목으로 벌어들인 밑천을 착실하게 불린 결과였다.

당시에는 수은으로 매독을 치료하는 요법이 널리 사용되었다. 일반적으로 중금속에는 살균 효과가 있어 수은 요법도 나름대로 효과는 있었다. 그러나 제대로 된 치료 효과를 기대하기에는 수은의 독성이 너무 강했다. 환자들은 수은 연고를 바르거나 수은 증기를 흡입했고, 그 결과 심부전과 탈수, 질식 등으로 목숨을 잃는 경우가 허다했다. 운 좋게 살아남아도 간과 신장에 장애를 입고 빈혈 등의 부작용을 안고 힘들게 살아가야 했다.

20세기에 들어서도 설마 싶은 위험한 치료 방법이 줄줄이 등장한다. 오스트리아 출신 의사인 율리우스 바그너 야우레크(Julius Wagner-Jauregg)는 진행성 마비 증상을 보이는 매독 환자를 말라리아에 걸리게 하는 기상천외한 대책을 고안했다. 매독균은 열에 약해 말라리아로 고열이 나면 퇴치할 수 있다는 발상에서 비롯된 독특한 치료 방법이었다.

현대인의 상식으로는 황당하기 짝이 없는 치료법이지만, 놀랍게도 야우레크는 이 치료법을 개발해 1927년 노벨 생리학·의학상을 받았다. 말기에 들어선 매독에는 마땅한 치료법이 존재하지 않았다. 말하자면, 말라리아 요법은 가만히 앉아 죽음을 기다리기보다 운에 맡기고 요행을 바라는 심리를 이용한 절박한 선택지였던 셈이다.

'황당한' 실수가 빚어낸 '위대한' 발견

19세기 말, 의학과 생물학계는 세균 사냥에 열을 올렸다. 눈에 보이지 않을 정도로 작은 미생물들로 세계가 가득 차 있고, 그 세균들이 발효와 부패 등의 현상을 관장한다는 발견은 당시 사람들에게는 세계관을 뒤흔들어놓을 정도로 굉장한 충격이었다. 바야흐로 파스퇴르와 코흐를 비롯한 과학자들의 노력으로 세균이 우리 몸으로 들어와 증식하는 과정에 수많은 질병이 발생한다는 사실이 증명되었다. 수백 년에 걸쳐 사람들을 괴롭혀온 갖가지 지긋지긋한 감염병이 드디어 인류에게 꼬리를 잡히는 역사적인 순간이었다.

적의 정체만 파악하면 무찌르는 건 시간문제다. 앞에서 소개한 영국의 의사 리스터가 페놀로 살균하는 방법을 고안했다. 다만 페놀은 인체에 자리를 잡은 병원균에는 사용할 수 없다. 페놀은 세균뿐 아니라 인체 세포까지 파괴하기 때문이다. 감염증을 치료하기 위해 인체에 영향을 주지 않고 세균만 공격하는 물질을 발견해야 했다. 그러나 말처럼 쉬운 일이 아니었다. 마법처럼 세균만 골라 죽이는 마법의 탄환 같은 약이 과연 이 세상에 존재하기나 할지 회의적인 시각으로 바라보는 학자들이 대부분이었다.

이제 독일의 의학자 파울 에를리히(Paul Ehrlich)가 등장할 차례다. 그는 학창시절부터 화학에 관심이 많았고, 특히 감염에 매료되었다. 베를린 대학교 연구소에서 에를리히는 생물 조직을 염색하는 실험에 밤낮으로 매달렸고, 그의 실험대는 늘 알록달록한 색으로 물들어 있었다.

어느 날, 에를리히는 여느 날처럼 결핵 환자의 병리조직을 염색하는 실험에 푹 빠져 있었다. 그런데 너무 많은 표본을 만든 탓에 보관해 둘 곳이 마땅치 않았기에 어쩔 수 없이 표본 중 하나를 난로 위에 올려두고 퇴근했다. 다음 날 아침 출근한 에를리히는 한 대학 직원이 표본을 올려 둔 채 난로에 불을 붙인 사실을 알게 되었다. 그는 허둥지둥 표본을 들고 이상이 없는지 현미경으로 관찰해보았다. 한데 놀랍게도 결핵균만 선명하게 다른 색으로 물들어 있었다. 가열로 균 표면에 염료가 결합해 균이 잘 보이도록 두드러지게 만드는 역할을 했다. 결핵 진단을 간소화시킨 이 대발견은 그의 스승인 로베르트 코흐조차 입에 침이 마르도록 칭찬할 정도로 대단한 것이었다.

에를리히의 발상은 거기서 멈추지 않고 한 단계 더 나아갔다. 그는 인체의 세포에 결합하지 않고 오로지 세균과 결합하는 염료가 있다면 세균만 파괴하는 화합물도 틀림없이 존재할 것으로 생각했다. 다행히도 에를리히에게는 그의 연구를 도와주는 강력한 지원군이 있었다. 그는 맥주를 마시다 우연히 알게 된 염료회사에서 일하는 친구로, 실험에 사용할 염료 샘플을 제공해준 데다 말만 하면 필요한 화합물을 주문 제작해 합성해 조달해주겠노라고 약속했다. 이 충실한 지원군은 든든한 버팀목이 되어 에를리히의 연구를 든든히 뒷받침해주었다.

게다가 에를리히에게는 시가 기요시라는 훌륭한 연구 파트너가 있었다. 일본에서 독일로 유학을 온 시가 기요시는 이십 대 중반에 이미 이질균을 발견하는 걸출한 연구 실적을 자랑하는 실력파 세균학자였다. 에를리히와 시가 기요시는 파동편모충이라는 원충이 일으키는 골치 아픈 질병 아프리카 수면병을 타깃으로 삼았다. 이 병은 아프리카 오지에서 활개를 치며 유럽인의 발길을 가로막는 걸림돌 역할을 했다. 시가 기요시는 파동편모충에 감염시킨 실험동물에 염료 화합물을 주사하고 상태를 확인하는 실험을 끈질기게 반복했지만 좀처럼 원하는 성과를 얻지 못했다.

2년이라는 세월이 흐르고, 겨우 희망의 빛이 보이기 시작했다. 에를리히가 염료 분자가 몸속에서 골고루 퍼질 수 있도록 수용성 원자단을 추가하자고 제안했다. 이 설계도대로 만들어진 붉은색 화합물을 투여하자 실험용 쥐의 눈과 귀가 붉게 물들었다. 쥐의 온몸에 염료가 퍼진 증거였다. 게다가 실험용 쥐는 수면병에 걸리지 않고 살아남았다. 에를리히는 너무도 기뻐 크게 소리를 지르며 펄쩍펄쩍 뛰어다녔다. 그는 이 화합물에 '트리판로트(Trypanorot)'라는 이름을 붙여 수면병이라는 공포의 질병을 치료하는 약으로 공표했다. 1904년의 일이었다.

아쉽게도, 트리판로트는 특정한 종의 파동편모충에게만 효과가 있을 뿐 인간에게는 효과가 없었다. 그러나 에를리히에게 트리판로트 발견은 매우 중요한 전진이었다. 고등동물의 세포에는 작용하지 않고 오로지 세균만 공격한다는 그의 발상이 올바르다는 것이 증명되었기 때문이다.

무릇 연구자가 지금 자신이 걷고 있는 길이 옳은 방향으로 향하고 있는지, 목표 지점이 과연 존재하기는 하는 것인지 알지 못할 때가 가장 괴로운 법이다. 이 방향으로 나아가기만 하면 목표에 반드시 도달한다는 믿음을 가질 수 있다면 가는 길이 아무리 멀고 험난해도 얼마든지 참고 견딜 수 있다. 화합물에 약효가 있는지 하나하나 차례차례 시험하고, 가능성이 보이는 화합물을 발견하면 가설을 세우고, 그 가설을 뒷받침할 증거를 찾아 보완하고, 화합물을 개량해 설계하고 합성하는 과정을 반복하며 이상적인 화합물에 조금씩 가까워진다. 이러한 흐름은 오늘날 제약기업에서 일상적으로 이루어지는 연구와 완벽하게 일치한다. 근대 제약 연구 방식을 확립한 에를리히와 시가 기요시의 업적은 영원히 기념해야 할 과학사의 업적으로 남을 것이다.

매독 환자의 구세주, 살바르산의 탄생

시가 기요시가 일본으로 돌아간 후 에를리히 연구팀에는 하타 사하치로라는 이름의 일본인 유학생이 참여하게 되었다. 해박한 의학 지식과 탁월한 실험 기술, 그리고 경이로운 끈기를 갖춘 이 청년을 에를리히는 깊이 신뢰했다. 하타가 참여하기 얼마 전 매독 병원체가 발견되어 배양법이 학계에 보고되었다. 에를리히 연구팀은 수백 년에 걸쳐 인류를 괴롭혀온 이 병에 초점을 맞추었다.

에를리히는 하타에게 지금까지 만든 화합물을 매독에 시험해보라는 임무를 내주었다. 끈질기게 실험을 거듭한 하타는 606번째 화합물 시험에서 드디어 기회를 잡았다. 비소를 포함한 이 화합물은 실험용 토끼의 혈액에서 한 방울만으로 매독 병원체를 말끔히 몰아냈다. 한 달가량 시간이 지나자 매독으로 생겼던 종기가 완치되었고, 토끼는 건강을 완전히 회복했다. 임상시험이 진행되었으며, 인체에 대한 효과도 입증되었다.

이 606번째 비소 화합물 살바르산은 '구세주'를 의미하는 라틴어 단어 '살바토르(Salvator)'에서 유래한 이름이다. 1910년 살바르산은 훼히스트(Hoechst AG, 현 Sanofi S.A)에서 발매되어 말 그대로 수많은 매독 환자를 죽음의 늪에서 건져 올린 구세주로 자리매김했다. 매독이 세계를 제패한 지 어느덧 400년이 지났고, 마침내 인류는 이 무시무시한 질병에 대항할 수 있는 효과적인 무기를 손에 넣은 셈이었다. 비소 화합물인 살바르산은 독성을 함유하고 있어 만병통치약은 아니었지만 위험천만한 수은 치료법과 비교하면 그야말로 놀라운 진보였다.

또 살바르산의 등장은 수없이 많은 다른 세균 감염증에 대해서도 같은 치료법을 개발할 수 있다는 가능성을 보여주었다. 우리는 화학 요법의 시대에 막을 올린 역사적 연구의 현장에서 노력한 사람들을 기억해야 할 것이다.

그러나 살바르산이 구세주로 칭송받은 기간은 짧았다. 일단 길이 열리면 진보의 속도는 놀라울 정도로 빨라진다. 그런 맥락에서 살바르산의 뒤를 이어 뛰어난 약제가 줄줄이 등장했기 때문이다. 이들 약제가 가져온 혁명은 이어지는 다음 장에서 좀 더 자세히 살펴보기로 하자. 살바르산의 구조는 오랫동안 잘못된 분자식으로 표기되었지만, 2005년 위의 두 가지 화합물의 혼합물로 수정되었다.

08

SULFA DRUG

세균 감염병에 맞서는 효과적인 무기, 설파제

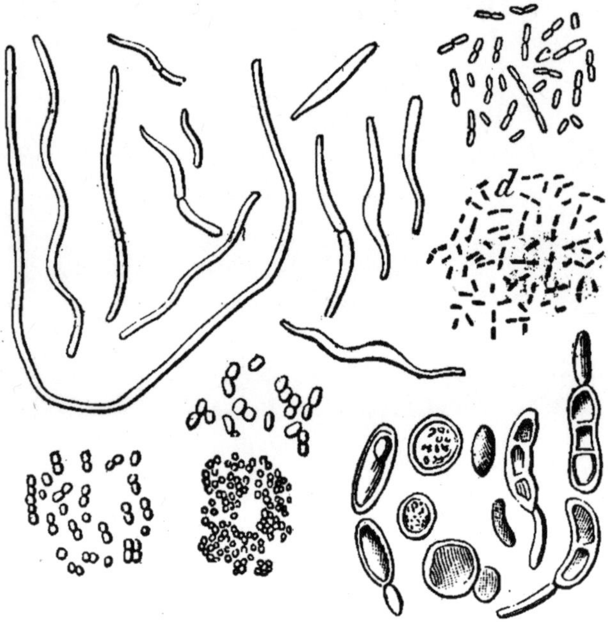
c
d

1,000만 명의 사상자를 낸
제1차 세계대전을 불러온 두 발의 총성

지금으로부터 100여 년 전인 1914년 6월 28일, 보스니아 사라예보 거리를 달리던 한 대의 자동차가 돌아야 할 모퉁이를 딱 한 번 놓치며 모든 일이 시작되었다. 열아홉 살의 세르비아인 학생 가브릴로 프린치프(Gavrilo Princip)는 우연히 나타난 차량에 타고 있던 두 사람이 누구인지 알아본 순간, 바람처럼 달려가 번개처럼 잽싸게 자동차에 타고 있던 두 사람에게 한 발씩 총탄을 발사했다. 각각 목과 배를 관통당한 두 사람은 몇십 분 후 숨을 거두었다. 희생자는 오스트리아-헝가리 제국의 왕위 계승자 프란츠 페르디난트 대공과 그의 아내인 조피였다.

이 갑작스러운 사태는 아무도 예상하지 못한 방향과 속도로 확대되었다. 왕위 계승자를 잃은 오스트리아는 보복 차원에서 세르비아에 선전 포고를 했다. 그러자 세르비아의 뒤에 버티고 있던 러시아가 대대적인 지원을 약속했고 독일과 프랑스, 영국 등의 강대국이 굴비 두릅 엮이듯 줄줄이 엮여 차례로 참전을 발표했다. 후일 일본과 미국까지 이 전쟁에 뛰어들면서 전쟁은 전 세계를 뒤덮는 엄청난 규모로 확대되었다. 사라예보에서 한 차량이 경로를 아주 살짝 벗어난 이 사건으로 인류는 전대미문의 참상에 휘말리게 된 것이었다.

제1차 세계대전이라는 이름으로 역사에 남은 이 전쟁에서는 화학병기와 전차 등의 최신병기가 투입되어 기존의 전쟁과는 비교도 되지 않을 정도로 엄청난 인적 피해를 냈다. 연구자에 따라 내놓는 수치는 조금씩 다르지만, 전사자 수는 양 진영을 합쳐 무려 1,000만 명에 달한다.

전쟁에서 100만 대군보다 무서운 감염병

제1차 세계대전 전투 중 사망자 수에 관해 유심히 살펴보아야 할 수치가 있다. 그것은 바로 상처 부위가 감염되어 사망한 사람이 포탄 등으로 직접 부상해 사망한 병사 숫자와 얼추 맞먹는다는 통계 수치다.

원래 전장에서 감염증은 일종의 덤과도 같은 것이었다. 피로로 체력이 저하되고, 과도한 스트레스에 시달린 병사가 비위생적인 환경에 밀집되어 생활하다 보면 당연히 감염증이 만연할 수밖에 없다.

전장에서 일어난 감염증 사례 중 가장 오래된 기록은 저자 서문에서 간략히 언급한, BC 431년에 시작된 펠로폰네소스 전쟁에서 생긴 '아테네 병'이었다. 농성 전술로 스파르타에 대항하던 아테네의 온 거리를 순식간에 전염병이 덮쳤다. 잘나가던 이 도시국가는 인구의 3분의 1이 짧은 기간에 사라질 정도로 막대한 피해를 입었다. 게다가 고대 그리스 시대를 대표하던 위대한 정치가 페리클레스도 이 병으로 목숨을 잃었다. 상황이 이쯤 되자, 아테네는 어쩔 수 없이 스파르타에 무릎을 꿇어야 했다. 이 병은 예전에는 페스트로 여겨졌지만, 최근 연구로 천연두 또는 발진 티푸스였다는 주장이 힘을 얻고 있다.

전성기를 한껏 누리고 있던 로마 제국은 로마-파르티아 전쟁(AD 162~165년)에서 패배해 제국의 수도를 함락당한 데다 엎친 데 덮친 격으로 천연두로 보이는 병까지 발생해 그야말로 최악의 상황을 맞았다. 1812년, 러시아 원정에 실패한 프랑스 황제 나폴레옹 1세도 혹한과 굶주림, 그리고 발진 티푸스 등에 시달리며 60만 명 이상의 병사가 거의 전멸하는 참상을 마주해야 했다. 그 밖에도 병의 발생이 전쟁의 향방을 좌우했던 사례는 세계사에서 이루 헤아릴 수 없이 다양하게 찾아볼 수 있다.

갖가지 병원균의 온상, 불량한 참호

시대가 바뀌면 전장의 양상도 달라지고, 그에 따라 발생하는 질병도 달라진다. 제1차 세계대전에서 사용된 병기는 그때까지의 전쟁과 비교하면 양적인 면에서나 질적인 면에서나 크게 달라져 있었다. 총의 사정거리가 연장되었고, 기관총과 대포 등을 대량 투입하며 양 진영 모두 적군에 다가가 근접 공격하기가 어려워졌다. 자연스럽게 병사들은 참호를 파고 틀어박혀 농성전을 벌이듯 전투에 임했다. 유럽을 가로지르는 만리장성처럼 장대한 참호 라인이 세워졌고, 전쟁 초반에 반년 정도면 끝날 거라고 예상되던 전쟁은 지루한 교착상태에 빠졌다.

습기가 많고 위생 상태가 불량한 참호는 갖가지 병원균의 온상이었다. 이질, 발진 티푸스, 콜레라 외에도 이가 매개인 참호열(Trench Fever) 등이 병사들 사이에 창궐했다. 전투가 시작되면 빗발처럼 쏟아지는 포탄으로 부상병이 속출했고, 흙으로 쌓은 참호가 무너지며 병사들은 흙모래 범벅이 되기 일쑤였다. 이때 상처에 들어간 토사는 끔찍한 감염증의 원인이 되었다. 토양 속에는 혐기성 세균이라 부르는 공기가 없는 환경에서만 살 수 있는 세균이 있고, 이 세균이 상처 부위로 들어가 병을 일으켰다.

혐기성 세균이 일으키는 감염증 중에는 특히 파상풍이 유명하지만, 제1차 세계대전 전장에서 가장 큰 골칫거리는 가스 괴저(Gas gangrene)였다. 이 병은 클로스트리디다 박테리아(Clostridial perfringens)라

습기가 많고 위생 상태가 불량한 참호는
갖가지 병원균의 온상이었다.
이질, 발진 티푸스, 콜레라 외에도
이가 매개인 참호열 등이 병사들 사이에 창궐했다.

는 세균이 상처 부위로 들어가 번식하며 발생한다. 괴저 균이 방출하는 가스가 피부 아래에 고이고, 이 병의 특징인 고약한 냄새를 풍긴다. 유일한 치료법은 괴저를 일으킨 부위를 절단하는 것이었다. 야전병원에서 이루어진 수술 자체가 이미 엄청난 고통과 위험을 동반하는 위험천만한 행위였다.

게다가 전쟁 말기에는 사상 최대 감염증인 스페인 독감이 전 세계를 강타했다. 스페인 독감은 기록에 있는 최초의, 그리고 최악의 인플루엔자 대유행 사례로 알려졌다. 이 병은 1918년 봄 미국에서 발생했고, 유행의 물결은 1년 반에 걸쳐 지구를 두 바퀴 돌았다. 당시 세계 인구 약 18억 명 중 6억 명이 감염되었고, 그중 5,000만 명이 희생되었다(이 수치는 모두 추정치이고, 여러 설이 존재한다).

아무튼, 스페인 독감 사망자는 제1차 세계대전 사망자를 웃돌 정도로 많았다. 이 병은 전쟁 종결을 서두르는 요인으로 작용할 정도였다고 하니 얼마나 그 위세가 대단했는지 짐작할 만하다.

도마크, 최초로 근대적인 제약 시스템을 정비하다

전쟁 중과 전쟁 후에 걸쳐 감염증 대책이 절실해지면서 수면 위로 부상했다. 19세기에 처음 등장한 소독약이 상당히 개선되었지만, 이미 몸속에 증식한 세균에는 속수무책이었기 때문이다. 20세기 초, 매독 병원체에 효과를 보인 살바르산을 에를리히와 하타가 개발하며 감염증 화학 요법의 길을 개척했다는 이야기는 앞에서 이미 소개했다.

이 연구에 자극받아 수많은 연구자가 각종 세균에 효과적인 화합물을 탐구하기 시작했다. 그러나 대부분 연구는 결실을 보지 못했다. 간혹 효과 있는 화합물을 찾아도 소용 없었다. 시험관 내에서는 효과를 보이다가도 정작 생체 실험 단계로 넘어오면 효과를 보지 못했기 때문이다. 어떤 화합물은 효율적으로 병원균을 죽였지만 실험동물에게 치명적이기도 했다.

에를리히 자신도 살바르산의 뒤를 이을 약을 만들어내기 위해 열정적으로 연구에 매진했다. 그러나 에를리히가 예순한 살에 세상을 떠날 때까지 실험했던 화합물은 모두 실패로 끝나고 말았다.

유일한 성공 사례인 살바르산도 부작용이 너무 커서 학계에서 집중포화의 대상이 되었다. 맹렬한 비난을 받은 에를리히는 극심한 스트레스에 시달렸는데, 그로 인해 수명이 단축되었을 정도라고 한다.

1920년대 중반에 이르자, 화학물질로 감염증을 치료하려는 시도 자체에 비관적인 전망이 고개를 들기 시작했다. 몇몇 치료제가 나왔지만 열대성 원충 감염증 이외에는 충분한 효과를 나타내지 못했다. 콜레라, 페스트, 이질 등 인류를 괴롭혀온 세균 감염증에 화학 요법은 여전히 무력했다. 화학물질이라는 무기로는 세균을 무찌르지 못한다고 단념하고 연구에서 손을 떼는 학자도 적지 않았다.

희망의 빛이 보이지 않던 이 영역에 과감히 도전하며 막대한 자금과 인원까지 투입하겠다고 나선 배짱 두둑한 사람이 나타났다. 독일의 거대 화학 복합기업인 이게파르벤(IG Farben)에서 의약품 연구 부문 수장을 맡았던 하인리히 회를라인(Heinrich Hörlein)이라는 이름의 한 남자였다.

정말로 효과 있는 약을 만들어내기 위해 회를라인은 뛰어난 병리학자가 필요했다. 관련 분야 논문을 샅샅이 찾아 읽고 난 뒤 그는 30대 초반의 젊은 연구자였던 게르하르트 도마크(Gerhard Johannes Paul Domagk)를 점찍었다. 지방 대학에서 연구 자금 부족에 허덕이던 도마크는 묻지도 따지지도 않고 회를라인의 제안을 흔쾌히 받아들였다. 이렇게 1927년, 재능 있는 학자와 세계 최고의 환경이 만날 수 있었다.

도마크는 젊은 시절, 우크라이나 전장에서 위생병으로 복무하며 가스 괴저로 인한 참상을 신물이 나도록 목격했다. 그런 터라, 그는 수많은 전우의 생명과 팔다리를 앗아간 이 세균 감염증에 평생을 바쳐 싸우겠다고 다짐했다.

도마크는 회사에서 자신을 위해 세워진 건물에 틀어박혀 연구체제를 정비했다. 시험할만한 가치가 있는 반응이 일어났는지를 조사하는 팀이 꾸려졌고, 마치 한 몸처럼 효율적으로 움직이는 조직이 갖추어졌다. 에를리히와 하타가 제약의 원형을 만들었다면 도마크는 최초로 근대적인 제약 시스템을 정비했다고 할 수 있다.

도마크는 독일인 특유의 근면 성실함을 발휘해 밤낮으로 연구에 매달렸다. 실험동물의 장기를 얇게 저며내어 슬라이드에 끼워 염색해 감염 부위를 확인하는 '병리 조직 검사'는 절대 다른 사람 손에 맡기지 않고 자신이 직접 담당했다. 그러나 프로젝트를 시작하고 4년이 지나도록 돌파구는 보이지 않았다.

세균 감염병에 맞서는 가장 효과적인 무기, 설파제의 탄생

1931년 여름, 도마크는 드디어 금맥을 찾아냈다. 독일 화학공업 전성기의 일등공신으로 활약했던 염료 화합물에는 아조 화합물(azo compound)이라는 일군의 화합물이 있는데, 두 개의 질소 원자를 두 개의 벤젠고리가 둘러싸듯 결합한 화합물이다. 이 벤젠고리에 다양한 요소를 결합하는 실험을 하던 중 그때까지 보지 못한 효과적인 물질을 발견해낸 것이었다. 그중 몇 가지는 감염시킨 실험동물의 수명을 연장시켰을 뿐 아니라 완전히 회복시켰다.

그러나 연구진의 기쁨은 그리 오래가지 못했다. 아무리 애를 써도 안정적인 연구 결과가 나오지 않았기 때문이다. 게다가 구조를 조금만 바꾸어도 효과가 완전히 달라졌으며, 같은 물질로 재시험을 해도 원래 결과를 재현하지 못하는 경우가 허다했다. 이미 3,000여 가지 화합물을 시험했으므로 난국을 타개할 새로운 화합물을 합성하려고 해도 참신한 발상이 고갈되며 한계에 맞닥뜨렸다.

아이디어가 바닥나면 다른 분야의 아이디어를 빌려오면 어쩌다 잘 풀리는 경우가 있다. 의약품 연구 부문 수장이었던 회를라인이 새로운 제안을 내놓았다. 그는 양모를 염색하는 염료를 찾던 중 설폰아마이드(sulfonamide)라 불리는 유황 원자를 포함한 원자단을 벤젠고리에 연결하면 쉽게 빠지지 않는 염료가 만들어진다는 사실을 알게 되었다. 그는 양모에 결합하기 쉬운 화합물이라면 세균과 결합하기 쉽다고 생각했다.

1932년 가을, 연구진은 아조 화합물에 설폰아마이드를 결합한 화합물을 합성했다. 합성된 적포도주 빛깔의 화합물을 동물에 투여한 결과는 놀라웠다. 연쇄구균에 감염시킨 실험용 쥐에게 경구 또는 주사로 이 화합물을 투여하자 거의 완벽하게 회복되었다.

기대 이상의 결과를 믿을 수 없었던 연구진은 몇 번씩 같은 실험을 반복했다. 실험용 쥐는 건강을 회복했고 팔팔하게 돌아다니며 먹이를 먹었다. 부작용이라고 하면, 약을 투여하고 난 뒤 한동안 피부가 불그스름해지는 정도였다. 인류를 오랫동안 괴롭혀온 세균 감염증에 최초로 효과적인 무기를 얻은 순간이었다. 이 화합물은 유황(sulfur)을 포함했다고 해서 '설파제'라는 이름을 얻었다.

나중에 밝혀진 사실이지만, 당시 설파제 작용의 본체로 여겨졌던 아조기 부분은 균을 죽이는 작용에 직접 관여하지 않는다. 세균과 잘 결합하도록 첨가한 설폰아마이드야말로 항균작용의 열쇠를 쥐고 있었다. 아조기 없이 설폰아마이드 부위만 떼어낸 간단한 화합물(순수 설파)만으로도 높은 항균작용을 한다는 사실이 밝혀지면서 지금은 설폰아마이드만 분리해 사용한다. 설파제가 세균 증식에 필요한 '엽산'이라는 화합물 합성을 방해해 항균작용을 한다는 사실을 밝혀낸 것은 더 나중의 일이다. 아조기 없이 설폰아마이드만으로 항균작용을 보인다.

1941년 미국에서만 50만 명의 생명을 구한 기적의 약, 설파제

실험용 쥐로 아무리 뛰어난 효과를 거둔다 해도 인간에게서도 같은 효과를 얻는다는 보장은 없다. 인체에서 설파제 효과를 시험할 기회는 그 누구도 예상하지 못한 형태로 찾아왔다. 1935년 12월, 도마크의 여섯 살짜리 딸 힐데가르트가 바늘에 손을 찔렸다. 운 나쁘게도 바늘은 살에 박힌 채 부러지고 말았다. 수술로 바늘은 빼냈지만, 상처 부위에 고름이 생기고 덧나 나날이 상태가 악화하였다. 고열로 의식이 없어지자, 의사는 급기야 팔을 절단해야 한다는 끔찍한 처방을 내놓았다.

도마크는 물에 빠진 사람이 지푸라기라도 잡는 심정으로 결단을 내렸다. 실험실에 있던 설파제를 가져와 딸에게 투여하기로 한 것이었다. 며칠 동안 설파제를 투여하자 온몸을 불덩이처럼 달아오르게 했던 열이 떨어졌고, 크리스마스 무렵에는 완전히 회복되었다. 인체에 해를 끼치지 않고 세균만 표적으로 삼아 공격하는 '마법의 탄약'이 탄생하는 순간이었다.

그로부터 1년 후, '붉은 기적의 가루'가 세상으로 나가 이름값을 톡톡히 해낸다. 설파제는 당시 미국 대통령이었던 프랭클린 루스벨트의 아들을 죽음의 문턱에서 데리고 돌아왔다. 이 사실이 보도되며 세계적으로 설파제 수요가 폭발적으로 증가했다. 원조 설파제를 만들어낸 이게파르벤은 물론 전 세계 제약기업이 비슷비슷한 구조의 설파제를 만들어내 판매하기 시작했다.

적용 가능한 질환도 연쇄구균 감염증뿐 아니라 폐렴과 산욕열, 수막염 등으로 범위가 넓어졌다. 1941년에는 미국에서만 연간 수백만 명에게 먹일 수 있는 엄청난 양의 설파제가 생산되어 줄잡아 50만 명의 목숨을 구했다. 설파제는 의학에 일대 혁명을 일으켰다.

1939년 스웨덴의 카롤린스카 연구소(Karolinska Institutet)는 이 기적의 약을 창조한 게르하르트 도마크에게 노벨 생리학·의학상을 수여한다는 결정을 내렸다. 그의 업적을 생각하면 이의를 제기하기 힘든 수상임이 틀림없다. 그러나 다른 한편으로 연구진을 조직하고 설폰아마이드기를 접목한 결정적인 제안을 내놓은 회를라인에게도 공동 수상 자격이 충분하지 않을까 하는 생각도 든다.

나치 정권 패망이 설파제 때문이었다고?

기적의 약이 의학계에 새로운 빛을 비추었지만, 세계는 이미 앞이 보이지 않는 암울한 시대로 접어들고 있었다. 폴란드를 침공해

제2차 세계대전의 불씨를 붙인 나치 정권은 독일인의 노벨상 수상을 금지하는 명령을 내렸다. 그 바람에 도마크는 과학자에게 주어지는 최고의 영예를 눈물을 머금고 포기해야 했다. 결국 종전 후인 1947년에야 도마크는 노벨상 수상의 영광을 누리게 된다.

기적의 약은 제2차 세계대전 전장에서 맹활약한다. 독일군에서는 부상병의 상처 부위에 설파제 가루를 뿌리는 처치만으로도 제1차 세계대전에서 만연했던 가스 괴저를 획기적으로 격감시켰다. 가스 괴저를 퇴치하겠다고 맹세한 도마크의 염원은 멋지게 이루어진 셈이었다.

태평양 전쟁 격전지가 되었던 뉴기니섬에서 일본군은 총 수천만 명의 희생자를 냈지만, 이질과 말라리아 등으로 사망한 사람이 사망자 비율의 과반을 차지했다. 반면 설파제를 대량으로 군수물자에 투입한 연합군은 1만 명 가까운 이질 환자가 나왔으나 그중 겨우 두 명만 사망하는 데 그쳤다. 반면 일본군 간수는 미군 포로를 통해 어떻게든 설파제를 얻어내려고 어르고 달래며 비지땀을 흘렸다고 한다.

제1차 세계대전 중 미국에서는 폐렴 등의 호흡기 질환으로 5만여 명의 희생자가 나왔다. 그러나 제2차 세계대전에서는 출격한 병사는 갑절로 불어났음에도 호흡기 질환으로 인한 사망자는 1,265명에 그쳤다. 설파제 보급이 주된 요인이었다는 것이 미군의 공식 기록으로 남아 있다.

설파제는 병사들의 목숨만 구한 게 아니었다. 1943년 12월, 세계

수뇌와 회담을 벌이느라 찬바람을 가르고 동분서주하던 영국의 총리 윈스턴 처칠은 튀니지에서 폐렴으로 쓰러졌다. 각국에서 모인 의사들이 처칠을 살리기 위해 힘을 모았다. 의사들은 설파제를 투여했고, 그 덕분에 처칠은 기적적으로 건강을 회복하여 2주 후에는 영국으로 귀국할 수 있었다. 정말로 설파제가 처칠의 목숨을 구했다면 이 하나의 사건만으로도 설파제는 '역사를 바꾼 약'이라는 이름값을 톡톡히 해낸 셈이다.

이렇게 보면 나치 정권하에서 탄생한 '기적의 약'은 운명의 장난으로 연합국 측에 크게 이바지했고, 결국 연합국 승리에 일조했다.

설파제는 페니실린의 페이스메이커?

설파제는 트리메토프림(Trimethoprim)이라는 약과 함께 사용하면 효과가 곱절로 증대된다는 사실이 밝혀지며, ST 병합제라는 이름으로 지금도 사용되고 있다. 그러나 사용 빈도는 예전과 비교하면 현저하게 줄어들었다. 설파제가 듣지 않는 내성균이 다수 출현했고, 무엇보다 페니실린 등 더 우수한 항생물질이 다양하게 등장했기 때문이다. 역사에서 중대한 역할을 했던 설파제는 지금은 기억 속으로 사라지며 존재감이 약해지고 있다.

그러나 설파제 효과가 세상에 알려지지 않았더라면 페니실린도 발견되지 못했거나 훨씬 오랜 세월이 지나고서야 발견되었을 가능성이 크다. 설파제는 구세주보다 먼저 세상에 태어난 세례자 요한처럼 감염증 치료 시대를 개척하는 선구자 역할을 해냈다. 요컨대, 항생물질이 일으킨 여러 문제의 원점으로 볼 여지도 충분하다. 항생물질의 역사에 대해서는 다음 장에서 또 자세히 이야기하기로 하자.

09

PENICILLIN

세계사를 바꾼
평범하지만
위대한 약,

페니실린

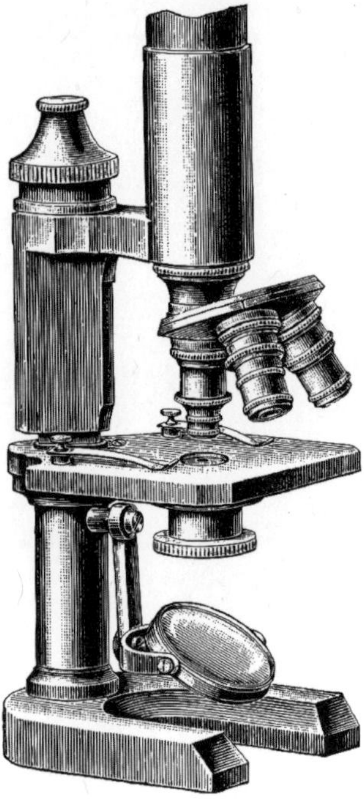

20세기 가장 위대한 발명 중 하나, 페니실린의 탄생

'세계사를 바꾼 약'을 소개하는 이 책에 드디어 대스타가 등장할 차례가 되었다. 이번 장의 주인공은 바로 페니실린이다. 페니실린은 그야말로 인류 역사를 바꾼 가장 중요한 약 중 하나라고 할 수 있다. 이 약을 손에 넣기 전과 후로 인류의 생활상은 완전히 달라졌다고 해도 지나치지 않을 정도다. 20세기 초반, 아주 먼 옛날이라기보다 비교적 가까운 과거에 한 번 감염되면 그저 회복되기를 하늘에 기도하는 수밖에 없었던 갖가지 질병이 페니실린이 출현한 후 마법처럼 치유되었기 때문이다. 그러므로 이 약에 '20세기를 통틀어 가장 위대한 발명 중 하나'라는 평가가 뒤따른다 해도 무리가 아닐 정도다.

지금까지 몇몇 약이 역사에 이름을 남긴 유명인을 구한 일화를 소개했다. 그런데 페니실린이 구한 사람의 수는 적게 잡아도 수백만 명 단위에 이른다. 아마 이 책을 읽고 있는 독자 중에도 페니실린이 없었더라면 이미 저세상 사람이 되어 있을 사람이 분명 있을 것이다.

1800년대 후반부터 1900년대 초반에 걸쳐 일본인의 평균수명은 마흔 살 언저리에 머물렀다. 영유아 사망률은 무척 높았고, 이삼십 대의 젊은 나이에 세상을 등지는 사람도 드물지 않았다. 그러나 1950년대에는 일본인의 평균수명은 쉰 살 전후로 껑충 뛰어올랐고, 지금은 여든 살을 가볍게 넘길 정도로 수명이 길어졌다. 길어진 평균수명에는 영양 상태 및 위생환경 개선 등의 요인도 있지만, 페니실린을 비롯한 항생물질 보급도 큰 역할을 했다.

이 '기적의 약'은 지금은 동네 약국에서 몇천 원만 내면 손쉽게 살 수 있을 정도로 저렴해졌다. 80년 전 사람들과 현대를 사는 우리를 가르는 세월의 틈은 생각보다 넓고 깊다. 예나 지금이나 사람들은 비슷비슷한 옷을 입고, 비슷비슷한 음식을 먹고, 울고, 웃고, 이야기한다. 다만 감염증에 관해서는 과거 사람들과 현대인은 완전히 다른 세상에 산다.

우리가 사는 세계에 크나큰 변혁을 가져온 페니실린에는 탄생에 관한 수많은 전설과 신화가 필연적으로 따라붙는다. 먼저 이야기의 주인공인 영국 런던의 세인트메리 병원에 근무하던 세균학자 알렉산더 플레밍을 만나보자.

알렉산더 플레밍의 콧물에서 탄생한 깜짝 발견

19세기 후반에 영국 외과의 조지프 리스터가 소독약을 발견한 뒤 감염증 예방에 일대 혁신이 일어났다는 이야기를 앞에서 했다. 그러나 리스터가 사용했던 페놀 소독약은 인체에 들어온 세균에는 무력하거나 오히려 증상을 악화시켰다. 페놀은 세균보다도 세균과 맞서 싸우는 백혈구를 먼저 파괴했기 때문이다. 그런 터라, 인체 세포에는 작용하지 않고 세균만 죽이는 물질이 필요해졌다.

1922년 플레밍은 이 편리한 물질을 뜻밖의 곳에서 찾아냈다. 바로 자신의 콧물에서였다. 그는 뿌옇게 흐려질 정도로 세균이 대량 번식한 배양액에 자신의 콧물 한 방울을 희석해 떨어뜨렸다. 그러자 세균이 사멸하고, 불과 몇 분 만에 배양액이 투명해지는 기이한 현상이 일어났다.

도대체 플레밍은 이 기묘한 현상을 어떻게 발견했을까? 플레밍이 우연히 재채기했을 때 세균을 배양하던 샬레에 콧물이 튀었다. 다음 날 샬레를 살펴보니, '콧물 주위만 세균이 증식하지 않았다'는 걸 발견했다. 그러나 이 발견이 정말로 그렇듯 극적이었다는 확실한 증거는 없다. 심지어 후세의 전기작가가 창작한 이야기라는 설까지 있을 정도다. 어쨌든 플레밍은 이 살균 성분이 눈물과 침, 혈청 등에도 포함되어 있다는 사실을 알아냈다. 그는 그 성분을 효소라고 추정했으며, 이 살균 성분을 '분해 효소'라는 의미를 담아 '리조팀(Lysoteam)'이라고 이름 붙였다.

그런데 리조팀은 플레밍의 기대와 달리 질병 치료제로 활용할 가망이 보이지 않았다. 리조팀은 특별한 해가 없는 몇몇 세균만 죽일 뿐 병원성이 높은 티푸스균, 연쇄구균, 폐렴구균 등에는 힘을 쓰지 못했다. 곰곰이 생각해보면, 이는 당연한 결과다. 인체가 강력한 항균제를 갖추고 있다면 감염증에 걸릴 사람은 없을 테니까. 플레밍은 학회에서도 리조팀 발견을 보고했지만, 콧물이 무해한 세균을 죽인다는 이야기에 학자들은 시큰둥한 반응만 보였다.

그러나 리조팀 발견은 이후 중요한 의미를 지닌다. 항균작용을 하는 물질의 존재를 플레밍이 깨달았을 뿐 아니라 그 물질이 존재하면 세균은 어떠한 상태가 될지를 자신의 눈으로 똑똑히 보았기 때문이다. 원래 플레밍은 "나는 세균을 가지고 논다"라고 말할 정도로 세균 배양 등의 실험조작을 사랑했으며 관찰에 희열을 느끼는 인물이었다. 그런 그의 뇌리에 '항균작용'이라는 현상이 또렷하게 새겨진 것이었다.

1928년 9월 어느 날, 플레밍의 연구실에 푸른곰팡이 포자가 날아들지 않았더라면?

리조팀을 발견하고 6년이 지난 1928년 9월 어느 날 아침, 플레밍에게 또 한 번의 행운이 찾아왔다. 플레밍은 포도상구균의 한 변종을 관찰하기 위해 샬레에 이 균을 배양했다. 그는 영양분을 포함한 용액을 한천으로 굳힌 '한천배지(agar medium)' 표면에 병소에서 채취한 용액을 발라두었다. 그러자 세균은 2~3시간 안에 증식해 눈에 보일 정도로 크고 둥근 덩어리를 형성했다. 이때 하나의 덩어리는 하나의 세균에서 증식한 군집으로, 이를 채취하면 특정한 균의 순수 배양이 가능해진다.

그러나 이 방법으로는 예나 지금이나 오염(contamination)이 문제가 된다. 세균이 없는 환경은 인공적으로 만들지 않는 한 불가능하다. 언제 어디서 나쁜 세균이 침입해 급속히 번식하며 세포를 압도하고 위협하는 경우가 드물지 않다.

플레밍의 경우도 마찬가지였다. 그가 포도상구균을 배양하려고 했던 샬레 중 하나에 어디선가 푸른곰팡이 포자가 날아 들어와 번식했다. 그리고 운 좋게도 플레밍은 푸른곰팡이가 자란 주변에 포도상구균이 자라지 않았다는 사실을 발견했다.

그 순간, 그의 뇌리에 리조팀을 발견한 순간의 기억이 새록새록 되살아났다. '푸른곰팡이가 모종의 항균물질을 만들어내는 게 아닐까' 하고 플레밍은 직감했다.

"만약 리조팀을 발견한 경험이 없었더라면, 나는 이 발견의 가치를 깨닫지 못하고 배지를 버리고 말았을 것이다."

나중에 플레밍이 당시를 회고하며 남긴 말이다. 곰팡이 전문가에게 자문한 결과, 이 푸른곰팡이는 페니실륨속(Penicillium)에 속하는 종류로 밝혀졌다. 플레밍은 여기서 이름을 따와 항균물질을 '페니실린'이라 부르기로 했다. 이 물질이 몇백만 명의 목숨을 구하게 될지 플레밍 자신조차 예상하지 못했다.

그가 최초로 페니실린을 발견한 샬레는 다른 균이 자라지 못하도록 처치가 이루어졌고, 지금은 대영박물관 전시실에서 볼 수 있다. 또 플레밍의 실험실도 세인트메리 병원 안에 당시 그대로의 모습으로 재현되어 관람객을 기다리고 있다.

신이 플레밍을 통해 인류에게 내려준 은총, 페니실린

페니실린 발견은 플레밍의 날카로운 관찰력 덕분이었을까? 한 사람의 연구자가 두 번씩이나 우연히 항균물질을 발견하는 행운을 만났다는 이야기는 사실 믿기 힘들 정도의 희박한 확률이 만들어낸 기적 중의 기적이다.

플레밍은 행운의 별 아래에서 태어난 사나이였다. 그는 포도상구균 배양을 끝낸 후, 7월 말부터 가족 여행을 떠나 오랫동안 연구실을 비웠다. 그 기간이 없었더라면 푸른곰팡이가 샬레로 날아들어 충분히 번식하지 못했을 가능성이 크다. 또 플레밍이 발견한 곰팡이는 각종 푸른곰팡이 중에서도 매우 희귀한 종류로, 페니실린 생산능력까지 탁월했다.

이 진귀한 곰팡이가 항균 현상의 실제와 그 값어치를 숙지하고 있던 거의 유일한 연구자(실제로 플레밍은 이 샬레를 연구소 동료들에게 보여주었지만 관심을 보이는 연구자는 없었다고 한다)의 품으로 날아든 것

'푸른곰팡이가 모종의 항균물질을
만들어내는 게 아닐까' 하고 플레밍은 직감했다.
"만약 리조팀을 발견한 경험이 없었더라면,
나는 이 발견의 가치를 깨닫지 못하고
배지를 그냥 버리고 말았을 것이다."

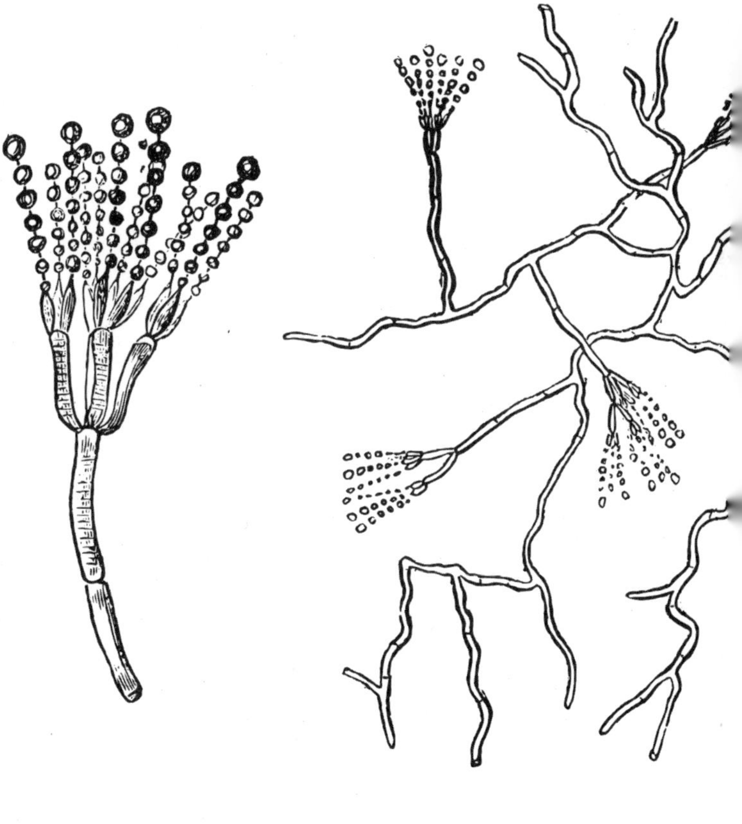

이다. GFP(Green Fluorescent Protein, 녹색 형광 단백질) 발견으로 2008년 노벨 화학상을 받은 시모무라 오사무 박사는 이 연구가 다양한 행운이 합쳐진 결과라고 수상 소감을 밝히기도 했다.

"하늘은 나라는 인간을 부려 인류에게 GFP라는 소중한 선물을 내려주었다는 생각이 든다."

페니실린 발견 역사를 살펴보면, 이 물질도 GFP와 마찬가지로 신이 플레밍을 통해 우리 인류에게 내려준 커다란 은총처럼 느껴진다. 그 정도로 페니실린의 발견에는 행운과 우연이 겹겹이 작용했다.

페니실린이 실용화하기 어려운 이유

플레밍은 이후로도 페니실린에 관한 연구를 지속하여 이 물질이 백혈구를 파괴하지 않을 뿐 아니라 기본적으로 동물에게 아무런 해를 끼치지 않는다는 사실을 확인했다. 실제로 그는 페니실린을 의약품으로 사용하려고 시도했지만 잘 풀리지 않았다. 페니실린은 화학적으로 불안정해 순수한 페니실린을 추출하는 것도 장기간 보관하는 것도 어려웠다.

훨씬 나중에 밝혀진 사실이지만 페니실린의 항균작용 원천은 그 분자 구조, 그중에서도 베타락탐(β-lactam)이라는 부분에 있다. 이 부분은 탄소 원자 3개와 질소 원자 1개로 이루어지며, 네모난 고리 구조를 하고 있다. 베타락탐은 매우 보기 드문 구조로, 플레밍이 등장하기 전 자연계에 이런 화합물이 존재한다는 가설을 세운 학자조차 없었다.

'거북이 등껍질 모양'이라는 표현으로도 알 수 있듯이 탄소 등에서는 6개의 원자가 원 모양을 그리고, 육각형을 이룬 모양이 가장 안정적인 상태다. 베타락탐은 이러한 상식을 뒤집는 구조다. 안정적인 구조를 사각형으로 비튼 모양이라 사소한 계기로도 원이 깨져 분자 구조가 풀리기 때문이다. 다시 말해 화학적으로 반응성이 높은 구조다.

세균은 세균벽이라 부르는 튼튼한 갑옷을 둘러 자신의 몸을 외부 세계로부터 보호한다. 베타락탐은 이 세균벽을 만드는 효소와 결합하면 베타락탐 부분이 열리며 결합해 효소 기능을 상실하게 만든다. 인간처럼 고등동물은 세균벽이 없어 기본적으로 페니실린은 인체에는 영향을 미치지 않는다. 이것이 페니실린의 항균작용 원리이며, 베타락탐의 높은 반응성은 항균작용과 떼려야 뗄 수 없는 끈끈한 관계에 있다.

그러나 반응성이 높은 구조는 페니실린이 불안정해 다루기 힘든 물질이라는 의미를 내포하고 있다. 세균을 다루는 데 도가 튼 플레밍조차 화합물 취급에는 문외한이라 페니실린의 농축과 정제에 난항을 거듭했다. 플레밍 역시 페니실린을 의약품으로 응용하기는 어렵다고 판단하여 생물학 실험용 시약으로 이용하는 데 힘을 쏟았다.

페니실린, 세계사를 다시 쓰다

육상 경기 분야에서 '1마일의 4분대 벽'이라는 유명한 사례가 있다. 1마일 달리기는 유럽과 미국에서 매우 인기 있는 경기지만, 오랫동안 4분 10초대 기록이 세계 기록으로 군림했다. 4분대 벽을 깨는 기록은 에베레스트 등정에 필적할 정도의 난제로 여겨졌으며, 인간으로는 불가능한 영역이라고 단언하는 전문가도 있었다.

1954년 영국의 로저 베니스터(Roger Gilbert Bannister)가 다양한 과학적 훈련을 거듭한 끝에, 3분 59초 4라는 경이로운 세계 기록을 달성했다. 절대로 넘을 수 없다고 여겨지던 마의 4분대 벽을 통쾌하게 깨부순 쾌거에 전 세계가 환호했다. 놀라움은 여기서 그치지 않았다. 베니스터가 신기록을 수립하고 1년도 지나지 않아 23명의 주자가 마의 4분대 벽을 깬 것이다. 선수들은 '4분대 벽을 깨는 것은 불가능하다'는 선입관에 사로잡혀 있었고, 그 벽을 누군가 치운 순간 단숨에 새로운 길로 내달리기 시작했다. 현재 1마일 달리기 세계 기록은 3분 43초 13까지 내려갔다. '1마일의 4분'이라는 기록은, 인체의 한계에서 보자면 아무것도 아니었다.

감염증 치료 분야에서 1930년대 중반 설파제의 등장이 베니스터의 역할을 했다(그 전에 에를리히와 하타가 개발한 살바르산이 있었지만, 부작용이 심해 적용할 수 있는 질병은 매독으로 한정되었다). 화학물질로 병을 치료할 수 있을지 그 누구도 답하지 못했던 문제에 확실한 '해법'이 존재한다는 사실을 보여준 사건이었다. 해법이 있다면 '정답'

으로 가는 더 나은 풀이를 찾아내면 그만이다.

1938년, 플레밍의 페니실린 논문에 주목한 사람은 영국 옥스퍼드 대학교의 하워드 플로리(Howard Walter Florey)와 에른스트 체인(Ernst Boris Chain)이었다. 연구를 진행함에 따라 페니실린의 가능성은 두 학자를 흥분시켰다. 이듬해인 1939년에는 다른 프로젝트를 접고, 절대 넉넉하다고는 할 수 없었던 연구 자금을 페니실린 연구에 몽땅 쏟아붓는 과감한 결정을 내렸다.

그들은 유기용매와 산, 알칼리 수용액으로 추출 조작을 서서히 개량했고 불안정한 페니실린 분자를 온전하게 농축하는 기술을 확립했다. 1940년에는 100mg가량의 귀중한 페니실린 분말을 손에 넣었다. 연구진은 이 분말이 거의 순수한 페니실린이라고 믿었다. 그러나 나중에 밝혀진 바로 이 분말의 순도는 약 0.1 퍼센트, 즉 진짜 페니실린이 0.1mg 정도밖에 들어 있지 않았다. 페니실린 정제가 얼마나 어려운 작업인지를 여실히 보여주는 결과다.

1940년 동물실험에 성공했고, 이듬해에는 인체 임상시험을 시작해 포도상구균과 연쇄구균에 감염된 사람들의 생명을 구해냈다. 이어서 1941년에는 태평양 전쟁이 발발하여 세계는 다시금 거센 전쟁의 불길에 휩싸였다. 부상병들의 감염증을 예방하기 위한 의약품 개발은 국가의 중요 과제로 떠올랐다.

1942년 영국과 미국에서 페니실린 연구는 '국가 기밀'로 지정되었다. 이후 투입된 연구 자금은 총 2,400만 달러, 전쟁 중 과학 연구로 원폭 개발에 들어간 '맨해튼 프로젝트'에 버금가는 액수다. 아낌

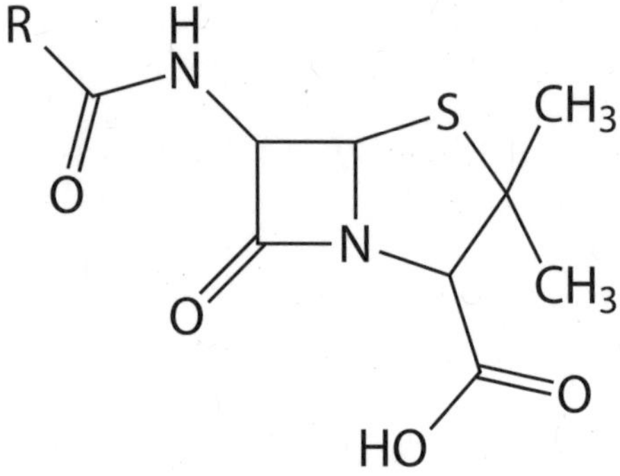

1942년 영국과 미국에서 페니실린 연구는
'국가 기밀'로 지정되었다. 이후 투입된 연구 자금은
총 2,400만 달러, 전쟁 중 과학 연구로 원폭 개발에 들어간
'맨해튼 프로젝트'에 버금가는 액수다.

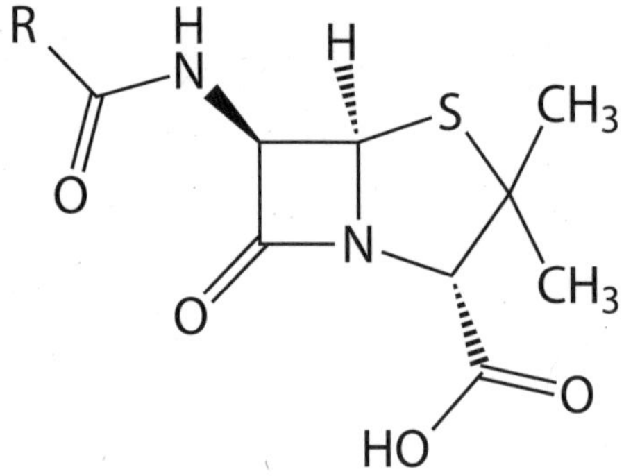

없는 지원으로 페니실린 양산이 가능해지면서 차츰 일반인도 페니실린을 사용할 수 있게 되었고, '기적의 약'의 명성은 나날이 높아져 갔다.

1944년 6월에는 '사상 최대 작전'이라 일컬어지는 노르망디 상륙작전이 실행되었고, 페니실린은 기적의 약이라는 이름값에 걸맞은 눈부신 활약을 보여주었다. 후송된 부상병들은 페니실린 덕분에 대부분 가스 괴저와 패혈증에 걸리지 않았고, 운 나쁘게 병에 걸렸더라도 무사히 회복했다. 기존의 전장에서의 상식이 모조리 뒤집혔으며, 플레밍은 영웅으로 추앙받게 되었다. 1945년에 플레밍은 플로리, 체인과 공동으로 노벨 생리학 · 의학상을 받았다. 양산 연구를 시작한 지 불과 몇 년 만에 페니실린은 세계사를 다시 쓰는 큰손으로 자리매김했다.

페니실린이 목숨을 구한 세계 최초 인물은 누구?

페니실린은 세계사에 큰 영향력을 행사한 약이라는 명성에 걸맞게 다양한 일화가 전해진다. 그중 재미있는 일화를 몇 가지 소개할까 한다. 페니실린이 목숨을 구한 세계 최초의 인물은 누구일까? 그 사람은 바로 도쿠가와 이에야스였다는 설이 유력하다.

도쿠가와 이에야스는 고마키 · 나가쿠테 전투(일본 전국시대 후반인 1584년, 도요토미 히데요시 진영과 오다 노부카쓰, 도쿠가와 이에야스 진영이

맞붙었던 전투—옮긴이)에서 다쳤고, 상처 부위에 황색 포도상구균으로 추정되는 균이 들어가 등에 큼직한 종기가 생겼다. 이에야스의 상태는 나날이 악화해 갔다. 한데, 주군의 용태를 걱정스레 지켜보던 이에야스의 가신 중 하나가 오사카에 있는 가사모리이나리 신사로 가서 '종기에 효험이 있다'는 환약 한 알을 받아 돌아왔다.

가사모리이나리 신사는 당시 '종기의 신'을 모신 신사로 매독을 비롯한 온갖 질환으로 종기에 시달리던 백성들이 신의 영험을 믿고 찾아가던 곳이었다. 신사에서 받아온 푸른곰팡이가 슨 그 환약을 등에 바르자, 종기에서 고름이 터져 나왔고 부기가 빠지며 치료되었다고 한다. 이 이야기를 푸른곰팡이에 들어 있던 페니실린 덕분에 이에야스가 치료되었다고 주장하는 사람도 있다.

이론적으로 완전히 불가능한 이야기는 아니지만, 환약을 약간 바르는 정도로 푸른곰팡이가 이에야스의 몸속에 번식한 세균을 박멸시킬 정도의 페니실린을 만들어냈다고는 생각하기 힘들다. 이에야스의 페니실린 전설은 '재미있는 이야기' 정도로 받아들이면 충분하지 않을까?

플레밍이 처칠의 목숨을 두 번 구했다고?

페니실린을 둘러싼 '신화' 중 하나로 플레밍이 영국의 윈스턴 처칠 수상의 생명을 두 번 구했다는 이야기가 있다. 소년 시절 처칠은 늪에 빠져 익사할 뻔했는데, 그때 우연히 늪 가를 지나던 청년 플레밍이 처칠을 발견해 구조했다고 한다. 아들을 구해준 은인에게 처칠의 아버지는 꼭 보답하고 싶었다. 그래서 플레밍의 학비를 지원해주었고, 덕분에 그는 의사가 될 수 있었다. 처칠은 1943년 폐렴에 걸리지만, 플레밍이 발견한 페니실린 덕분에 또 한 번 목숨을 건진다.

그러나 실제로 처칠은 플레밍보다 일곱 살 위로, 청년 플레밍이 소년 처칠을 구했다는 이야기도 학비를 지원했다는 이야기도 현실적이지 않다. 또 앞에서 소개했듯, 처칠의 폐렴을 치료한 약은 실제로는 페니실린이 아니라 설파제였다.

이 이야기는 플레밍이 미국에서 상을 받았을 때 프레드 빈슨 재무장관이 연설 도중에 했던 이야기에서 시작되어 퍼져나갔다고 한다. 경사스러운 자리에서 재무장관의 입에서 나온 말이었기에 플레밍도 '말도 안 된다'라고 부정할 수는 없었던 모양이다. 그럴듯하게 만들어진 이 일화는 입소문을 타고 전 세계로 퍼져나갔고, 지금까지 인터넷상에서 '감동적인 실화'로 소개되는 경우를 심심치 않게 보게 된다.

만화 주인공 닥터 진과 페니실린

페니실린이 그 시대에 있었더라면, 역사는 어떻게 달라졌을까?

페니실린의 위력을 아는 사람이라면 누구나 한 번쯤 해보는 상상이 아닐까? 그 상상을 눈에 보이는 형태로 그려낸 사람이 있다. 만화가 무라카미 모토카가 바로 그다. 모토카의 작품 『타임슬립 닥터 진』은 〈JIN-仁-〉이라는 제목의 드라마로 만들어지기도 했다(우리나라에도 송승헌 주연의 MBC 주말드라마 〈닥터 진〉으로 친숙한 작품이다.—옮긴이). 현대 의사가 바쿠후 시대로 시간 여행을 떠나 현대 의학 지식을 활용해 사람들을 구한다는 대담한 설정의 작품으로, 일본에서 드라마로 각색되어 안방극장에서 사랑받으며 시청률 고공 행진을 이어가기도 했다.

이 작품에서는 주인공이 직접 제조한 페니실린으로 에도시대 사람들을 구하는 장면이 드라마 초반 클라이맥스를 장식한다. 발효, 추출, 여과 등의 조작에 익숙한 간장 장인들의 손을 빌려 푸른곰팡이에서 페니실린을 정제하는 장면은 의학 연구 경험이 있는 사람의 눈으로 보아도 현실감이 넘치는 높은 완성도의 작품으로 만들어졌다. 줄거리는 물론 고증 면에서도 상당히 뛰어난 작품이었다고 생각한다.

드라마는 드라마일 뿐 현실과 혼동해서는 안 된다는 관점에서 한 수 접고 생각하더라도 실제로 근대 일본에서 페니실린을 만들어낼 수 있었을지를 묻는다면 어떻게 답해야 할까? 역시 현실성이 적은 이야기일 거라며 고개를 가로젓게 된다. 가령 페니실린을 양산하려면 '옥수수 담금 액(Corn Steep Liquor=CSL)'의 존재가 큰 역할을 담당한다.

이 용액은 옥수수에서 전분을 제조할 때 부산물로 나오는 끈끈한 액체로, 곰팡이 생육에 필요한 비타민과 아미노산, 미네랄, 페니실린의 '부품'인 페닐아세트산 등을 풍부하게 함유하고 있다. 옥수수 담금 액을 배지에 바르면 페니실린 수량이 12배까지 향상된다. 옥수수가 본격적으로 일본에서 재배된 시기는 1900년대 초반 이후라 설령 주인공이 옥수수 담금 액을 알았더라도 구하기는 어려웠을 것이다.

그 밖에 추출에 필요한 적정한 용매 등도 당시에는 입수하기 어려운 경우가 많았다. 애석하게도 근대 일본의 조건에서는 아주 소량의 불순물이 섞인 페니실린 정도라면 얻을 수 있었겠지만 많은 사람 목숨을 구할 정도의 양을 만든다는 건 역시 현실적으로 무리였다.

사실 태평양 전쟁 중 일본에서도 페니실린 제조 연구가 이루어졌다. '처칠의 목숨을 구한 신약'이라는 정보를 풍문으로 전해 듣고(앞에서 이야기한 대로, 사실이 아니었지만), 군부가 당시 최고의 두뇌와 자금을 페니실린 제조에 동원했다. 1944년 2월에 페니실린 제조 계획이 개시되어 8개월 후 페니실린 정제 생산에 성공했다고 하니 발등에 불이 떨어진 군부가 얼마나 다급했는지를 알 수 있다. 그러나 페니실린을 양산하기에는 기술이 부족해 전장의 병사들을 구하지는 못했다. 역시 기술 실용화에는 정보와 두뇌, 자금만으로는 부족하고 그 모든 자원을 한데 묶어 뒷받침해주는 제반 기술이 갖추어져야 한다.

항생물질을 투입해도 죽지 않는 세균, '내성균'의 등장

제2차 세계대전이 끝난 후, 페니실린의 성공에 자극받아 갖가지 항생물질이 개발되었다. 결핵에 효과가 있다는 스트렙토마이신(Streptomycin), 다양한 세균에 두루두루 효력을 발휘하는 매크로라이드계(Macrolide) 항생물질 등이 차례차례 의료 현장에 투입되었다. 이 항생물질의 활약으로 수백만 년에 걸쳐 인류를 괴롭혀온 세균 감염증 대다수가 불과 몇십 년 사이에 퇴치되었다. '1마일의 4분대 벽'과 흡사한 상황이 의료계에서도 일어났다.

그러나 병원균 측에서도 마냥 손을 놓고 있지는 않았다. 항생물질을 투입해도 죽지 않는 세균, 이른바 '내성균'이 등장했다. 내성균의 확산 속도는 혀를 내두를 정도로 신속했다. 제2차 세계대전 후, 이질이 각국에서 창궐했고 설파제로 치료가 이루어졌다. 그러나 1950년 무렵에는 설파제가 듣지 않는 이질이 출현했으며, 1955년에는 당시 알려진 4종의 항생물질이 모두 통하지 않는 슈퍼 이질균이 등장했다.

이에 질 수 없었던 인류 측도 잇따라 항생물질을 투입해 약한 균을 죽였다. 그러자 강한 균이 더욱 기승을 부리는 악순환이 이어졌다. 특히, 항생물질을 대량으로 사용하는 병원은 항생제에 단련된 강력한 세균이 수시로 출현했다. MRSA(메티실린 내성 황색포도상구균)을 비롯한 다내성 세균은 틈만 나면 병원 내 감염을 일으켜 병원을 발칵 뒤집어놓는 말썽꾼이다.

한동안 내성균을 잠잠하게 만들며 '철벽 수문장'으로 군림한 항생물질인 '반코마이신(Vancomycin)'에 대항하는 내성균도 이미 나타났다. 지금은 더는 손을 쓸 수 없는 세균 감염증이 출현해도 전혀 이상하지 않은 상황이다. 무서운 이야기지만, 오늘날 다양한 항생물질에 내성을 지닌 병원균을 유전자 조작으로 인공적으로 만들어내는 것도 기술적으로 가능해졌다. 영국에서는 내성균 문제는 '테러리즘에 버금가는 국가에 대한 위협'으로 간주하고 대책을 마련하고 있다.

항생물질 남용이 내성균 출현의 주요 원인이라는 주장은 부인할 수 없는 사실이다. 예를 들어 미국에서는 항생물질의 80퍼센트가 가축 등의 동물에 사용된다. 질병 예방, 성장 촉진 등의 이유지만 효과는 장담할 수 없다. '저렴한 약이니 일단 먹이고 보자'며 항생제를 오남용하는 습관은 이윽고 우리 자신의 목을 조여오는 올가미가 될 것이다.

인류가 오랫동안 그려온 20세기 후반이 되어서야 겨우 손이 닿는 곳까지 접근한 '질병 없는 세계'라는 꿈은 신기루처럼 다시 사라질 수도 있다. 우리가 아슬아슬한 벼랑 끝에 서 있음을 확실하게 인식하고 대책을 세워야 할 때가 왔다.

전 세계적으로 가장 사랑받는 약, 아스피린

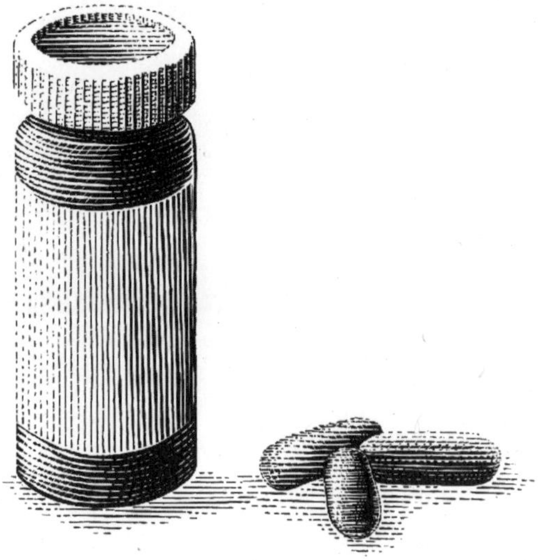

역사상 가장 많이 팔린 약, 아스피린

여태까지 인류는 수만 종류의 약을 만들어내고 이용해왔다. 또한, 지금도 우리가 모르는 곳에서 끊임없이 새로운 약이 등장하고 있다. 전문가들조차 쏟아져 나오는 신약을 모조리 파악하는 건 불가능한 시대다. 그렇다면 그 수많은 약 중에서 딱 한 종류의 약만 선택해 먹을 수 있다면 여러분은 어떤 약을 선택하겠는가? 감기약이냐, 항생제냐, 그도 아니면 소화제냐, 아무리 머리를 쥐어짜도 답을 모르겠다.

무인도에 가져갈 약 중 한 가지를 고르라면 누구나 망설이게 되지만, 나라면 효과 좋은 진통제를 선택하겠다. 특별한 지병이 있는 사람을 제외한다면 대다수 사람이 나와 같은 선택을 하지 않을까?

두통, 치통, 위통, 복통에 생리통, 창상, 타박상, 염좌에 골절 등 쉽사리 사라지지 않고 우리를 괴롭히는 갖가지 지긋지긋한 통증은 생활의 질을 떨어뜨린다. 이는 동서고금을 막론하는 진리로 통한다. 그런 터라, 아픔을 줄여주는 약은 인류가 아주 오래전부터 가장 절실히 원해왔던 약이다. 덜 여문 양귀비 열매에서 얻을 수 있는 모르핀이 5천 년 전부터 사용되었다고 앞에서 소개했다. 또 바빌로니아에서는 맨드레이크, 고추, 대마 등이 충치의 아픔을 덜어주는 진통제로 사용되었고, 한방약 계열에서도 진통제 종류는 제법 다양한 구색을 갖추고 있다.

19세기 후반 이전에 사용된 약은 약효라고 하기 민망할 정도로 효력이 없는 약이 적지 않았다. 그러나 진통제에 관해서만은 현대 의학지식 기준에서 보아도 충분히 근거 있는 약을 두루두루 찾아볼 수 있다. 진통제는 다른 약과 비교해 효과 유무를 알기 쉽기도 하다. 게다가 목마른 사람이 우물을 판다고 통증에 시달리던 사람들이 아픔을 덜어줄 약을 찾아 헤맨 덕분에 제법 효능을 발휘하는 약들이 만들어졌다.

이런저런 아픔을 없애고 싶은 마음은 오늘날을 사는 우리도 별반 다르지 않다. 역사상 가장 잘 팔린 약이 진통제라는 사실도 그다지 놀랍지 않다. 인류 역사를 통틀어 가장 많이 팔린 약의 이름을 공개하자면, 이번 장의 주인공인 아스피린이다. 두통약에 아스피린 성분이 배합된 경우가 많아 누구나 살면서 몇 번씩 아스피린의 신세를 지게 된다. 아스피린 제조사인 바이엘의 웹사이트에 따르면, 아스피린 생산량은 연간 5만 톤에 달하며, 5,000mg 알약 기준으로 1,000억 알 분량에 해당한다. 이를 일직선으로 늘어놓으면 100만 킬로미터 이상이라 지구에서 달까지 한 번 반을 왕복할 수 있는 거리라고 한다.

아스피린은 전 세계적으로 사랑받는 약이지만, 특히 미국인들의 아스피린 사랑은 유별나고도 각별하다. 미국에서만 한해 1만 6,000톤, 즉 전 세계에서 생산되는 아스피린의 3분의 1가량이 미국 내에서 소비된다. 3000mg 알약으로 환산하면 자그마치 320억 알, 즉 아기부터 노인까지 전 국민이 연간 100알 가까이 아스피린을 먹는 셈이라고 하니 수치로만 놓고 보면 선뜻 믿기지 않을 정도로 엄청난 양이다.

1899년 출시된 이후 아스피린은 줄곧 바이엘을 먹여 살린 효자 상품의 지위를 지켜왔다. 아스피린의 대박 행진에도 한 번쯤 눈도장을 찍어둘 필요가 있다. 한 세기 사이에 의학과 화학, 생물학은 과거와 비교가 되지 않을 정도로 진보했으며 전 세계 제약기업에서 신약이 끝없이 출시되고 있다.

그런데도 아스피린은 시대의 물결에 휩쓸려 사라지지 않고, 예나 지금이나 약국 진열대에서 변함없이 팔려나가고 있다. 19세기부터 기본적인 부분이 바뀌지 않은 채 꾸준히 팔리는 공업제품은 아스피린을 제외하면 찾기 힘들 정도다. 그 사실을 고려하면 아스피린이 얼마나 특이한 약인지 어렴풋하게나마 짐작할 수 있지 않을까?

아스피린이 버드나무에서 태어났다고?

전 세계에서 가장 많이 팔린 약인 아스피린은 버드나무에서 태어났다. 버드나무 껍질과 이파리에 진통 효과가 있다는 사실은 세계 각지의 많은 사람이 경험으로 알고 있다. 지금으로부터 약 2,000년 전, 의사이자 약리학자였던 그리스의 디오스코리데스는 '버드나무 잎과 나무껍질을 잘게 빻아 와인과 후추와 함께 먹으면 심한 복통에 효과가 있다'는 기록을 남겼다. 또 이쑤시개는 충치로 생기는 치통을 방지하기 위해 버드나무 가지를 씹었던 데서 시작되었다는 설도 있다.

1819년 살리실산이라는 물질이 만들어졌고, 이 물질에도 진통 효과가 있다는 사실이 판명되었다. 사실 버드나무에 들어 있는 살리실산은 우리 몸속으로 들어와 탁월한 효능을 발휘한다. 살리실산의 동료들은 자연에서도 찾아볼 수 있다. 흔히 파스라 부르는 피부에 부착하는 패치 방식 약제에 사용되는 살리실산메틸(일본 국민 파스라 부르는 살론 파스(Salon pas)의 '살론'은 이 성분에서 유래한 이름. 살론 파스가 국내에 알려지며 우리나라에서도 '파스'라는 이름으로 알려지게 되었다.—옮긴이) 등이 그중 하나다.

그런데 살리실산에는 의약품으로서 치명적인 약점이 있었다. 살리실산을 경구로 먹으면 환부의 통증이 완화되고 염증이 가라앉는 대신 극심한 위통을 일으켰다. 바이엘은 당시 스물아홉 살이던 연구원 펠릭스 호프만(Felix Hoffman)에게 이 부작용을 경감시킬 방안을 찾아내라는 임무를 부여했다. 사실 호프만에게는 개인적으로 절실한 동기가 있었다. 호프만 본인의 아버지도 류머티즘에 걸려 살리실산을 복용했고, 심각한 부작용에 시달리고 있었기 때문이다.

호프만은 살리실산 구조를 요리조리 변환해 부작용이 약한 구조를 찾으려고 시도했다. 그는 연구 목적으로 살리실산의 산성 성분의 바탕이 되는 하이드록시기(Hydroxyl group)에 카복실기(Carboxyl group)라는 원자단을 결합했다. 살리실산의 강한 산성이 위통의 원인이라고 생각했기에 이 성분을 중화하는 카복실기를 추가했다.

현대적인 관점에서 보면 잘못된 접근법이지만, 소가 뒷걸음질치다 쥐 잡는 격으로 우연히 좋은 결과를 얻었다. 합성된 아세틸살리실산은 소염 진통작용을 유지하면서 멋지게 부작용을 완화했다. 1897년의 일이었다.

그런데 호프만이 개량한 신약은 알 수 없는 이유로 상부에서 무시당했고, 한동안 연구실에서 먼지를 뒤집어쓴 채 묵혀졌다. 일설에 따르면, 살리실산이 심장에 좋지 않다는 설을 상부가 맹신하고 있었기 때문이라고 한다. 신약 평가는 예나 지금이나 녹록지 않은 과정을 거쳐야 한다. 유용한 약이 회사의 판단으로 폐기되지 않고 살아남은 사례도 적지 않다. 한창 잘나가던 시절에는 한 해 130억 달러의 매출을 올리며 승승장구하던 이상 지질 혈증 치료제 '리피토' 등이 좋은 예다. 반대로 세상에 나가서 수많은 생명을 구하고 질병을 치료해야 했던 약이 세상의 빛을 보지 못하고 그대로 사라지는 사례도 적지 않을 것이다.

다행히도 아세틸살리실산에는 진행 명령이 내려졌다. 바이엘은 이 약에 아세틸의 '아'와 스필산(살리실산의 별명)을 합쳐 '아스피린'이라는 이름을 붙여 1899년 시장에 내놓았다. 이듬해에는 일본에도 상륙하여 의학의 본고장 독일에서 건너온 최신 약품으로 소개되며 날개 돋친 듯 팔려나갔다. 청일전쟁과 러일전쟁이 한창이던 시절 일본이 '언덕 위의 구름(일본 근대사 중 일본인들이 가장 자랑스러워하는 시기. 1868년 메이지유신부터 1904년 러일전쟁까지를 일컫는다. 시바 료타로의 동명의 소설에서 따온 문구. 청일전쟁과 러일전쟁 등 침략전쟁과 근대화를 통틀어 지칭한다.—옮긴이)'을 향해 착실하게 걸음을 내딛던 무렵이었다.

"견디기 힘든 고통을 달래주는 건 아스피린밖에 없다"

유럽에서도 아스피린은 인기를 독차지했다. 작가 프란츠 카프카는 "견디기 힘든 고통을 달래주는 건 아스피린밖에 없다"라고 말하며 창작의 동반자로 삼았다. 아스피린이 출시되고 몇 년 후 바이엘은 "아스피린의 인기가 하늘을 찔러 이 약을 능가할 약은 없다"라고 자랑스럽게 광고했다. 물론 아스피린에도 가슴 아픈 역사가 숨어 있다. 고향 독일에서 특허 취득에 실패하며 쓰라린 경험을 한 것이었다.

아세틸살리실산은 이미 1853년 프랑스의 화학자가 만들었기에,

1819년 살리실산이라는 물질이 만들어졌고,
이 물질에도 진통 효과가 있다는 사실이 판명되었다.
사실 버드나무에 들어 있는 살리실산은
우리 몸속으로 들어와 탁월한 효능을 발휘한다.

(다만 당시에는 소염 진통작용을 깨닫지 못했다) 신약이라고 볼 수 없다는 판정을 받았다. 그러나 법률의 차이로 미국에서는 아스피린 특허 취득에 성공했다. 바이엘은 1903년 미국에 새 공장을 건설하고 미국이라는 거대시장 진출을 꾀했다. 이 시도가 나중에 기업 간의 진흙탕 싸움을 일으키는 계기가 되리라고는 그 누구도 예측하지 못했다.

1917년, 미국은 제1차 세계대전에 참전한다. 미국은 적국인 독일 기업의 자산을 접수하고, 바이엘이 보유한 특허권과 상표에 이르기까지 바이엘의 모든 소유물을 몰수해 미국 정부 관리하에 두었다. 이듬해 전쟁이 끝나자, 미국 정부는 바이엘의 현지법인인 바이엘 아메리카를 경매에 부쳤다.

스털링 프로덕츠(Sterling products)라는 회사가 경매에 참여해 바이엘 미국 법인이 보유하고 있던 모든 권리를 낙찰받았다. 낙찰 가격은 531만 달러로, 현재 화폐 가치로 환산하면 1억 달러에 가까운 거금이다. 미국 진출 15년 만에 바이엘과 아스피린의 몸값은 곱절로 불어났다.

1920년대 미국은 경제 번영을 구가하며 제1차 세계대전 전후 처리와 금주법 시행, 세계공황 등 대중을 엄청난 스트레스에 내몰던 격동의 시기를 보냈다. 두통과 위통을 줄여준다는 아스피린은 이러한 사회적 배경에 힘입어 그야말로 대박을 쳤다. 두 번의 세계대전 사이에 끼인 이 시대를 후대 역사가들은 '아스피린 에이지'라고 부를 정도였다. 하나의 약 이름이 한 시대를 상징하는 문구가 되었던 사례는 말 그대로 전무후무한 일이었다.

바이엘 vs. 바이엘

바이엘 아메리카의 권리를 획득한 스털링 사는 당당히 바이엘 로고가 들어간 아스피린을 제조 판매했다. 특허 기한이 이미 끝나 다른 기업도 아스피린을 제조했지만, 바이엘 상표를 내건 스털링은 자사의 이름은 쏙 빼고 '다른 회사의 아스피린은 모조리 가짜다'라고 주장했다.

아스피린에 대한 권리를 독점하고 쐐기를 박기 위해 스털링은 당시 퍼지기 시작한 라디오라는 매체에 주목했고 대대적인 광고전을 펼쳤다. 1936년에 스털링은 자동차 기업 등에 이어 전미 4위 라디오 광고주로 부상한다. 현대라는 시대를 상징하는 대중매체와 대량 소비사회의 진전에 아스피린이 크게 이바지한 순간이었다.

이윽고 스털링은 캐나다와 남미 대륙에도 아스피린 판로를 개척했고, 독일의 바이엘 본사는 이 상황을 이를 갈며 지켜보는 수밖에 없었다. 미국과 독일이라는 서로 다른 나라에 본거지를 둔 바이엘이 같은 상표를 달고 같은 이름의 상품을 판매하는, 세계 자본주의 역사에서도 보기 드문 이변이 벌어졌다. 이러한 상황은 1994년에 독일 바이엘이 미국 시장의 권리를 모조리 사들일 때까지 스털링 천하는 76년 동안이나 이어졌다.

스털링이 장담한 대로, 타사의 아스피린은 '가짜'였을까? 당시 증언을 살펴보면 확실히 바이엘에서 만든 아스피린이 희한하게 타사 제품보다 잘 들었던 모양이다. 물론 바이엘 상표에 대한 신뢰도가 플라세보 효과를 만들어냈다는 해석도 가능할 것이다. 실제로 같은 성분의 위약(僞藥)을 먹어도 가격이 비싸다는 이야기를 들으면 효과가 높아진다는 실험 결과가 있으므로 심리적 영향을 무시할 수는 없다.

실제로 바이엘 제품은 오랜 경험으로 갈고닦은 결정화 기술과 제제(製劑) 방법 덕분에 체내 흡수율과 이용률이 높았다고 한다. 약이라는 상품은 성분이 같아도 세부 기술에 따라 효능이 달라진다. 이는 오늘날 복제약 등에서도 이따금 거론되는 문제다.

70년 만에 밝혀진 아스피린의 수수께끼

전 세계 곳곳에서 상비약으로 널리 사용되게 된 아스피린이었지만, 왜 이 화합물이 통증을 가라앉혀주는지 70년이 지나도 풀리지 않는 수수께끼로 남아 있었다.

본래 아스피린은 현대 제약 연구자의 눈으로 보면 매우 비상식적인 구조다. 첫째, 아스피린은 너무 작다. 약은 우리 몸속에서 특정 단백질에 결합해 효과를 나타내는데, 효과를 내려면 일정 이상의 크기가 필요하다. 분자량이 고작 180밖에 되지 않는 아스피린은 의약품으로서는 지나치게 작다.

둘째, 아스피린은 카복실기라는 원자단을 포함하고 있다. 이는 일반적인 조건에서는 안정적인 구조를 유지하지만 우리 몸에 들어가면 바로 분해되어 효능을 상실한다. 따라서 현대 제약 연구자라면 애초에 아스피린과 같은 화합물을 만들 생각조차 하지 않는다.

아스피린의 수수께끼는 1970년대에 들어서고 나서야 풀리기 시작했다. 프로스타글란딘(Prostaglandin)이라는 물질이 비밀의 열쇠를 쥐고 있었다. 이 물질과 비슷비슷한 구조의 다양한 성분이 있는데, 각각 혈압 저하, 자궁 수축, 혈소판 응집 등 다양한 작용을 한다. 그 중 프로스타글란딘 E_2(PGE_2)라는 화합물은 발열 및 진통 전달에 관여한다.

아스피린은 이 프로스타글란딘을 만들어내지 못하도록 방해하는 작용을 한다. 우리 몸속에는 사이클로옥시게나아제(Cyclooxygenase=COX)라는 효소가 있고, 이 효소는 지방산의 일종을 붙잡아 한가운데서 둘로 접혀 고리를 만들어 프로스타글란딘을 생산한다.

아스피린은 거대한 COX 분자에 홀몸으로 잠입해 카복실기를 효소 활성화의 중심에 가져다 놓고 기능을 상실하게 만든다. 아스피린 분자는 적의 비밀기지에 숨어 들어가 공장 제어장치를 파괴하는 스파이처럼 활약하는 셈이다. 아스피린 분자의 작은 크기와 일반적으로 의약품에 사용하지 않는 카복실기는 아스피린 효능의 필수 요소다. 아스피린을 만들어낸 발상은 현대 제약 분야의 상식으로는 불가능한 것이었다.

아스피린이 알츠하이머 예방에도 효과가 있다고?

아스피린의 전체상은 여전히 베일에 휩싸여 있었다. 1998년에 아스피린은 COX뿐 아니라 염증에 관여하는 효소인 아이·카파·비키나제(IKB kinase=IKK)에도 작용한다는 사실이 밝혀졌다. 요컨대, 아스피린은 두 방향에서 염증을 억제하는 작용을 하는 성분을 포함하고 있는 셈이다. 이런 약은 현대 제약기술로도 일부러 노리고 설계할 수 있는 성질의 것이 아니다.

최근 아스피린의 항혈전 작용에 관심이 집중되고 있다. 앞에서 아스피린은 프로스타글란딘의 생산을 억제한다고 설명했다. 프로스타글란딘에서는 혈액을 응고시키는 작용을 하는 트롬복세인(Thromboxane)이라는 물질도 만들어진다.

혈액 응고는 우리 몸에서 매우 중요한 작용을 한다. 혈액이 응고되어 혈전이 만들어지면 우리 몸속을 돌아다니다 혈관을 막아 심근경색과 뇌경색 등의 생명을 위협하는 질환을 일으킨다. 이러한 질병에 걸릴 확률이 높은 사람이 평소에 아스피린을 소량씩 먹으면 질환을 예방할 수 있다는 주장이 제기되었다. 장시간 같은 자세로 교통수단을 이용하면 폐동맥에 혈전이 생기는 이른바 '이코노미 클래스 증후군(일반석 증후군, 심부정맥혈전증, DVT)' 예방에도 효과가 있을 수 있다.

흥미롭게도 알츠하이머성 치매 예방에도 아스피린이 효과가 있다는 가설이 제기되었다. 이 이야기는 한센병에 걸려 오랫동안 항염증제를 먹은 사람에게 알츠하이머형 치매 발생이 적다는 사실을 발견하면서 시작되었다. 몇몇 대규모 시험에서 예방 효과가 있다는 결과가 나오며 해외 연구자들 사이에서 적극적으로 아스피린을 먹는 사람도 늘어났다. 그 밖에도 대장암, 유방암, 폐암 등의 예방에 효과가 있다는 가설도 제기되며, 지금 이 순간에도 부지런히 검증이 이루어지고 있다.

다만 아스피린을 둘러싼 가설 중에는 부정확한 데이터도 있어 부작용을 함께 고려해야 한다. 아직 알츠하이머성 치매와 암 예방을 위해 아스피린을 대중적으로 권장할 단계는 아니다. 그러나 저렴한 약인 아스피린으로 현대인 최대의 숙적인 이들 질환을 예방할 수 있다는 이야기에는 귀가 솔깃해질 수밖에 없다.

지금은 '아스피린 에이지'라는 별명이 붙은 1920~1930년대와 비교하면 스트레스가 훨씬 심한 시대다. 그런 터라, 사람들이 아스피린의 신세를 질 기회는 아직 줄어들 기미가 보이지 않는다. 한편 현대병이라는 각종 성인병 관련 자료를 살펴보면 아스피린의 활약을 앞으로도 기대할 만하리라는 생각이 든다.

아스피린이 등장한 지 한 세기 이상 지난 지금 시대를 후세 사람들은 '제2의 아스피린 에이지'라고 부르게 될 수도 있지 않을까?

악마가 놓은 덫에서 인류를 구한 항 HIV 약,

에이즈 치료제

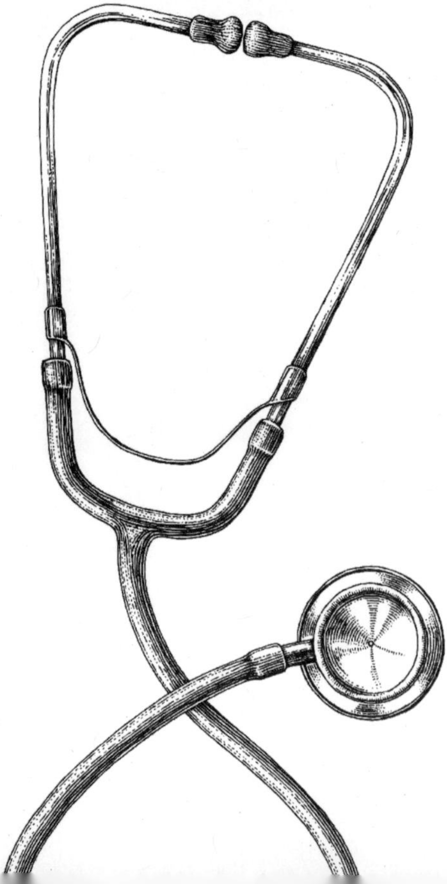

에이즈 치료제 개발자가 노벨상을 못 받은 이유

지금까지 역사의 흐름을 크게 바꾼 의약품을 소개했다. 이 중 몇몇 과학자는 과학계 최고의 영예라는 노벨 생리학·의학상을 받으며 이름을 빛냈다. 설파제를 개발한 게르하르트 도마크는 1939년에, 페니실린을 발견하고 실용화하는 데 성공한 플레밍과 플로리, 체인은 1945년에 각각 수상의 영광을 누렸다. 또한 1952년에는 결핵 치료제인 스트렙토마이신을 발견한 왁스먼이, 1957년에는 항히스타민제를 개발한 보베가 각각 받았다.

위에 언급한 대로, 이후 '의약품 개발에 공헌하는 학문상의 발견' 등 간접적인 수상은 더러 있었지만 의약 개발자가 직접 상을 받는 예는 무슨 이유에선지 자취를 감추었다. 1960년대 이후에는

1988년에 H_2 차단제를 발견한 블랙이, 항바이러스 약을 개발한 엘리언과 히칭스가 받은 사례가 유일한 예가 되었다.

이 반세기에 획기적인 의약품 개발이 전혀 없었던 건 아니다. 오히려 20세기 후반에는 제약기술이 비약적으로 발전했고, 정말로 뛰어난 약들이 줄줄이 쏟아져 나왔던 시대다. 물론, 탈리도마이드 사건(1950~1960년대 임신부 입덧 방지용으로 판매된 약으로, 팔다리가 짧거나 아예 생기지 않는 등의 기형아 출생 등의 부작용으로 시판이 금지되었다.—옮긴이) 등을 비롯한 의약품 오남용 사건도 다수 발생했지만 인류에 공헌하는 의약품도 여럿 등장했다.

이 시대 인류는 식물과 세균에서 의약품을 추출했을 뿐 아니라 화학합성 기술을 구사해 이전까지 존재하지 않던 의약품을 만들어 내기에 이르렀다. 의약품이 인체 내부를 어떻게 순환하는지, 어떤 분자가 우리 몸속에서 대사 분해되기 어려운지, 어떻게 하면 약효를 더 잘 발휘할 수 있는지 등 다양한 방면에서 연구가 진행되어 의약품 이해의 폭이 넓어졌다. 이러한 기술을 바탕으로 의약품 산업은 다양한 질환에 적용 가능한 치료제를 개발했으며 매출도 큰 폭으로 뛰어올랐다.

그렇다면 도대체 무슨 이유로 의약품 개발로는 노벨상을 받을 수 없게 되었을까? 다양한 이유가 있겠지만, 무엇보다 의약품 평가가 어렵다는 사실을 들 수 있다. 예를 들어 체내 콜레스테롤 합성을 방해하고, 동맥경화를 예방하는 스타틴(statin) 제제는 사상 최대 연간 매출을 기록한 의약품으로, 개발자인 엔도 아키라 박사는 심심치 않게 노벨상 후보로 거론된다. 그러나 최초의 스타틴 제제가 세상에 나온 지 30년 가까이 지난 지금도 노벨상 수상이라는 반가운 소식은 들리지 않고 있다.

사실 최근 스타틴 제제의 효능에 의문을 제기하는 목소리가 심심치 않게 들려오고 있다. 스타틴 제제가 콜레스테롤 수치는 내려주지만 과연 사망률을 낮추어주는지 데이터 해석을 둘러싸고 설전이 벌어지기도 한다. 아직은 토론이 이루어지는 중이라 결과는 나오지 않았지만, 기대한 만큼의 수명 연장 효과가 없을 가능성도 다분히 존재한다.

그 밖에 글리타존 계열이라 부르는 당뇨병 치료제와 COX-2 방해제라 부르는 소염진통제 등 출시된 지 상당한 시일이 지나고 나서 부작용이 지적되어 판매 중지되는 의약품도 적지 않다. 스위스에 본거지를 둔 다국적 제약기업인 노바티스(Novartis)가 내놓은 고혈압 치료제인 디오반(Diovan) 사건 등 의약품 임상 데이터를 조작하는 불상사가 끊이지 않고 있다(일본 후생노동성은 고혈압 치료제인 디오반의 임상시험 데이터를 조작한 혐의로 노바티스에서 일했던 전 직원을 약사법 위반 혐의로 체포하기도 했다. 노바티스 일본 법인은 논문 자료를 조작하고 조작 의혹이 있는 논문에 게재한 자료를 광고에 이용한 혐의도 받고 있다.—옮긴이).

그렇다면 현대 의학은 역사의 심판대 앞에서 떳떳할 수 있을까? 개인적으로 면죄부를 줄 수는 없지만 나름대로 공헌한 부분도 크므로 무조건 죄를 물을 수는 없다고 생각한다. 가령 에이즈 치료제는 다른 어떤 노벨상 수상 연구에 절대 뒤지지 않을 정도로 위대한 약이다. 그러나 에이즈가 세상에 출현한 이후 벌써 30년이나 지났고, 에이즈 치료제에 대한 기록도 세월의 뒤안길로 사라져가고 있다. 이번 장에서는 에이즈라는 질병의 실태와 이 병이 일으켰던 사회적 영향에 대해 되짚어보기로 하자.

전 세계를 공포의 도가니로 몰아넣은 기이한 질병

BSE(Bovine Spongiform Encephalopathy의 줄임말로 흔히 '광우병'이라 부른다), SARS(중증 급성 호흡기 증후군), 신종 인플루엔자, 에볼라 출혈열, 그리고 최근 발생한 MERS(중동 호흡기 증후군) 등 새로운 감염증은 잇따라 출현하고 그때마다 온 나라를 술렁이게 만든다. 그리고 국경을 넘어 사실상 전 세계가 공황발작을 일으킨다. 그중에서도 에이즈의 출현은 말 그대로 세상을 발칵 뒤집어놓았다. 에이즈가 가져온 충격과 공포는 상상을 초월할 정도였다.

에이즈의 원인이 되는 HIV(인간 면역 결핍 바이러스)의 기원은 아직도 완전히 해명되지 않았다. 아무튼, 최근까지 이루어진 연구에 따르면 1920년대 콩고 민주공화국의 수도인 킨샤사에서 출현했다는 설이 유력하다. 그러나 인류가 이 병의 존재를 확실하게 인지한 때는 1981년이 되어서였다. 미국 로스앤젤레스의 젊은 남성 동성애자들 사이에 칼리니 폐렴(지금은 뉴모시스티스 폐렴(Pneumocystis carinii, jirovecii)이라 고쳐 부른다)이라 불렀던 기묘한 질병이 돌고 있다는 소식이 보고된 것이었다. 이 폐렴은 특정 종의 진균이 기생하며 생기는데, 일반적이라면 면역계가 활발히 작동함으로써 적절히 억제되면서 발병하지 않는 질병이다. 신종 질병을 보고받은 미국 정부가 역학 조사에 나섰다. 그 결과, 환자 중 상당수가 세균 등에 감염되었을 때 우리 몸을 지키는 작용을 하는 CD_4 림프구가 감소했다는 사실이 밝혀졌다.

의학자들은 다양한 사례를 축적하며 이 기묘한 질병의 윤곽을 차츰 파악하기 시작했다. 환자들은 감염증에서 몸을 지켜주어야 할 면역계가 파괴되어 일반적인 감염으로도 걸릴 리 없는 칼리니 폐렴이나 카포시 육종 등의 병에 걸려 쇠약해지다 끝내 사망했다. 환자는 동성애자 외에도 마약중독자, 혈우병 환자 등이 많았다. 이러한 사실이 알려지며 에이즈 환자에 대한 뿌리 깊은 편견을 만들어냈다.

1982년 이 병에 후천성 면역 결핍증, 줄여서 AIDS라는 이름이 붙었다. 이 무렵에는 이미 전 세계 곳곳에 환자가 발생했다. 병 자체가 정체불명이라 치료법도 없었고, 발병하고 2년이 지나면 90퍼센트 가까이가 사망하는 무서운 질환이 기승을 부리며 전 세계를 벌벌 떨게 했다.

유명인 중에도 희생자가 나왔다. 배우 록 허드슨과 화가 키스 해링 등이 에이즈 합병증으로 사망했다. 가장 충격적인 사례는 1991년 11월 감염 사실을 밝힌 두 사람의 스타였다. 그중 한 사람은 농구

선수 매직 존슨이었는데, 그는 자신이 HIV에 감염되었음을 고백하며 현역에서 은퇴했다. 그 직후 '록 사상 최고의 보컬'로 명성을 떨친 '퀸'의 프레디 머큐리가 세상을 떠났다.

때는 세기말로 접어들었고 '노스트라다무스의 예언'이 열풍을 일으키는 등 항간에는 종말론이 횡행했다. 잊을 만하면 들려오는 에이즈 관련 뉴스를 접하며, 이대로 가다가는 정말로 인류가 이 병으로 파국을 맞을지 모른다는 공포에 으스스 소름이 돋았던 기억이 생생하다.

실제로, 전 세계 감염자 수는 7,800만 명을 넘어섰고, 사망자는 3,900만 명을 웃돌았다. 폴란드나 아르헨티나 인구와 맞먹는 수의 목숨을 에이즈라는 질병이 앗아간 셈이다.

일본 열도를 발칵 뒤집어놓은 필리핀 출신 에이즈 환자

세계를 뒤덮은 에이즈의 그림자를 일본만 용케 비껴갈 재주는 없다. 1986년 일본 최초로 에이즈 감염 사례가 나왔다. 나가노현 마쓰모토 시에 거주하던 필리핀 출신 여성이 HIV에 감염되었다는 사실이 발견되었다. 한데 그 여성이 성매매에 종사했다는 사실이 밝혀지면서 일본 열도 전체가 발칵 뒤집어졌다.

당시 일본에서 일하던 필리핀 여성이 마트 출입을 거부당하는 등의 차별 행위가 일어나며 사회 문제로 부상했다. 그저 그 여성과 같은 마쓰모토시에 산다는 이유만으로 평범한 시민이 다른 현의 호텔과 여관 등에서 숙박을 거절당하는 어처구니없는 소동까지 빚어졌다.

1987년에는 효고현 고베시에 살던 일본인 여성이 에이즈 관련 질환으로 사망하며 또 한 번 소동이 벌어졌다. 언론은 이 여성의 실명을 얼굴 사진까지 넣어 공개했는데, 그녀가 성매매에 종사했다고 보도했다. 이러한 언론의 도를 넘은 행태에 분노한 유족이 명예훼손으로 고소해 성매매는 사실무근이라는 판결을 받아냈다. 이런 식으로 에이즈를 둘러싼 황당한 소동은 꼬리에 꼬리를 물고 일어났다.

당시 감염 확대를 막을 수 있을지 우려하는 사람이 많았던 데다 올바른 정보가 충분히 전달되지 않으며 갖가지 소동이 벌어졌다. 게다가 인권 의식 부족이 한몫하며 일련의 소동이 벌어졌지만, 이 시대 에이즈에 대한 공포가 얼마나 심했는지를 방증하는 일화로도 볼 수 있다.

그런데 알고 보면 세간에 알려지기 전에 HIV는 일본에 상륙했다. HIV에 오염된 비가열 수입 혈액제제로 치료받던 혈우병 환자 여러 명이 HIV에 걸렸던 것이다. 오염된 혈액으로 HIV에 걸린 환자 수만 해도 일본 국내 혈우병 환자의 약 4분의 1에 해당하는 1,800명에 육박했다. 과거에도 수차례 여러 방면에서 사회적 물의를 일으킨 이 병은 다행히 요즘은 기세가 한풀 꺾이며 잠잠해진 듯하다.

병원성 바이러스를 둘러싼 끝없는 암투

이 무시무시한 질환에 맞서기 위해 먼저 적의 정체를 정확히 밝혀내야 했다. 초기에는 동성애자를 숙주로 삼는 병으로 알려지면서 정자가 자가 면역 질환을 일으킨다는 가설이 제기되었다. 그러나 외과 수술 시의 수혈이나 남녀 간 성행위로도 감염되는 사례가 이따금 발생하며 병원체가 바이러스라는 가설이 거의 기정사실로 굳어졌다.

에이즈 병원 바이러스를 발견하려는 학계의 한바탕 피비린내 나는 전쟁이 벌어졌다. 사실 전쟁이라기보다 온갖 음모와 계략이 난무하는 진흙탕 싸움에 가까웠다. 주인공은 미국 국립 암 연구소(NIH)에서 연구실을 총괄하던 로버트 갈로(Robert Gallo), 또 한 사람의 주인공은 프랑스 명문 파스퇴르 연구소에 소속된 뤼크 몽타니에였다.

당시 갈로는 이미 저명한 바이러스 학자였다. 그는 매년 경이로운 속도로 논문을 발표하면서 정력적인 연구 자세와 방대한 지식, 통찰력을 갖춘 학자로 인정받으며 학계에서 탄탄한 지위를 구축했다. 그러나 한편에서는 부하직원에게 도를 넘는 충성심을 요구하는 권위주의자라는 소문이 돌았고, 강압적인 그의 연구 방식에 불만을 토로하는 사람도 많았던 모양이다.

갈로는 이미 제1형 사람 T세포 백혈병 바이러스(HTLV-1)를 발견해 유명 인사가 되었다. HTLV-1는 유전자로 DNA가 아닌 RNA를 지닌 유형의 바이러스로 '레트로바이러스'라 부른다. 갈로는 최초로 병원성 레트로바이러스를 발견한 공을 인정받아 1982년 라스커상(Albert Lasker Basic Medical Research Award)을 받는다. 노벨상의 등용문으로 일컬어지는 이 상을 거머쥔 갈로는 말 그대로 바이러스학 분야의 세계적 권위자로 군림하게 된다.

그 무렵, 갈로는 전 세계로 무섭게 확산 중이던 에이즈라는 기묘한 질병의 소식을 접하게 된다. 그는 이 병도 자신이 발견한 HTLV-1이 병원체라는 가설을 세운다. 그러나 그의 가설에는 약점도 적지 않았다. 가령 HTLV-1가 에이즈의 원인이라면 성인 T세포 백혈병 림프종(adult T-cell leukemia-lymphoma: ATL) 환자가 많은 일본에 에이즈가 발생해야 마땅하지만, 놀랍게도 당시 기준으로 일본에는 에이즈 환자 발생 수가 0명을 기록했다. 그러나 갈로는 눈 가리고 아웅 하는 식으로 빤히 보이는 모순을 무시하고 자신의 주장을 꿋꿋이 밀어붙였다.

그러나 1983년 5월 프랑스의 뤼크 몽타니에가 에이즈 환자의 림프샘에서 새로운 바이러스를 발견했고, 여기에 LAV라는 이름을 붙였다. 림프샘은 에이즈 감염 초기에 환부가 되는 부위로, LAV는 유력한 용의자로 추정되었다. 몽타니에가 이끄는 프랑스 연구진은 부랴부랴 자신들의 발견을 논문으로 정리해 《사이언스》에 투고했지만, 하필 심사위원 중에 갈로가 끼어 있었다.

급하게 작성한 몽타니에의 논문에는 논문 첫머리에 실려야 하는 '요지'가 빠져 있었다. 갈로는 친절하게도 시간이 촉박하니 자신이 논문 요지를 덧붙여주겠다고 제안한다. 놀랍게도, 게재된 논문 요지에는 갈로에게 유리한 문구가 줄줄이 들어갔고, 본문 마지막에는 "이 새로운 바이러스는 HTLV 족의 하나로 추정된다"라는 문장이 추가되었다. 갈로는 경쟁자의 논문을 제멋대로 수정했고, 자신의 학설을 뒷받침하도록 교묘하게 짜깁기하는 파렴치한 행위를 서슴지 않았다.

학회에서 갈로는 의장의 권한을 십분 활용해 몽타니에의 발표 시간을 줄이고 발표 순서도 마지막으로 돌려 가능한 경쟁자의 연구 성과가 사람들의 눈에 닿지 않게 만드는 치사한 수법까지 동원했다. 갈로의 치졸한 방해 공작에도 LAV가 에이즈의 원인이며, 갈로의 HTLV와는 별개의 바이러스라는 증거가 차곡차곡 모이는 사태는 피할 수 없었다.

그렇다고 해서 순순히 물러설 갈로가 아니었다. 1984년 5월, 갈로는《사이언스》지에 'HTLV-Ⅲ'라는 HTLV의 아종을 발견했다고 보고했고, 기자 회견을 열어 '이 바이러스야말로 에이즈 병원체다'라고 큰소리를 쳤다. HTLV-Ⅲ는 몽타니에 연구진이 발견한 LAV와는 다른 종류라는 것이 갈로의 주장이었다. 그러나 LAV와 HTLV-Ⅲ의 유전자 배열을 해석해보니, 둘은 거의 같다고 해도 좋을 정도로 흡사했다.

에이즈 병원 바이러스가 증식할 때 수시로 변이한다는 사실은 널리 알려졌다. 미국과 프랑스에서 따로 채취한 바이러스 배열이 판에 박힌 듯 빼닮는 경우는 확률적으로 불가능하다. 즉, 두 바이러스는 하나의 샘플을 해석해야 얻을 수 있는 결과였다. 그러나 제삼자가 보기에 누가 누구의 연구를 슬쩍했는지 도무지 알 길이 없는 상황이었다.

결국 과학 논쟁을 법정 공방까지 끌고 가는 역사상 초유의 사태가 빚어졌다. 그도 그럴 것이 에이즈 바이러스 원인 바이러스 발견은 특허 시약의 특허료 등의 막대한 이익이 걸린 문제였기 때문이다. 아무튼, 그 바람에 인류의 적인 에이즈와의 싸움에 쏟아부어야 마땅한 우수한 연구자들의 에너지와 시간이 불필요한 다툼에 헛되이 낭비되고 말았다.

소동은 꼬일 대로 꼬여 완전히 아수라장이 되었고, 미국 레이건 대통령과 프랑스의 시라크 총리(두 사람 모두 당시 기준)라는 양국 수뇌까지 이 진흙탕 싸움에 뛰어들어 중재하기에 이르렀다. 그 결과, 몽타니에와 갈로의 공적을 모두 인정하고, 특허는 미국과 프랑스가 반반씩 나누어 갖고, 모든 수익을 자선단체에 기부한다는 결정이 내려졌다. 글자 그대로 정치적 해결이지만, 이보다 나은 해결책은 나올 수 없을 것 같은 수준에서 비교적 원만하게 사태가 수습되었다.

그러나 미국의 일간신문 《시카고 트리뷴》은 1989년 상세한 보고서를 게재하고, 국민적 영웅이 된 갈로의 추악한 행실을 낱낱이 폭로함으로써 그의 공적을 모조리 부정했다. 궁지에 몰린 갈로는 두 손 들고 항복 성명을 발표했다.

"내가 발견했다고 믿은 HTLV-Ⅲ는 예전에 몽타니에가 보낸

LAV 바이러스 샘플을 내 샘플과 혼동해서 생긴 실수다."

갈로는 자신의 잘못을 솔직히 인정하고 이 사건에 백기를 들고 항복했다. 샘플을 부주의하게 취급한 일이 갈로의 고의에서 나온 행동이었는지, 아니면 단순한 실수였는지는 지금은 정확히 알 도리가 없다.

그로부터 약 20년이 지난 2008년 이 문제에 최종적인 평결을 내린 곳은 스웨덴의 노벨상 수상 위원회였다. 그해 노벨 생리학·의학상은 몽나티에와 그의 공동 연구자인 프랑수아즈 바레-시누시(Françoise Barré-Sinoussi), 그리고 자궁경부암의 원인인 인유두종 바이러스(HPV,Human Papillomavirus)를 발견한 하랄트 추어 하우젠(Harald zur Hausen)에게 수여했다.

바레시누시와 하우젠 대신 갈로를 넣는 대안도 가능했지만, 그를 제외한 것은 노벨상 위원회의 식견을 보여주는 결과로 평가받았다. 발견에서 수상까지 4반세기 가까운 세월이 걸렸던 것은 배배 꼬인 문제를 풀 냉각 기간이 필요했기 때문이 아닐까?

재미있게도, 바이러스 발견이라는 영예의 관을 차지하기 위해 볼썽사나운 암투를 거듭한 갈로에 대한 평가는 비판 일색일 거라는 우리의 예상을 뒤엎는다. 노벨상 결정 후, 《사이언스》는 〈이름 없는 영웅(Unsung Heroes)〉이라는 제목으로 108명의 과학자의 이름을 언급한 편지를 게재하며 갈로가 수상에 이르지 못했던 사태에 유감을 표명했다. 갈로의 경쟁 상대로 가장 큰 피해자였던 몽타니에조차 "갈로에게는 충분한 수상 자격이 있었다"라고 밝히며 그의 공을 치하했다. 갈로는 HIV 항체의 양산법 확립 등 에이즈 정복에 크게 이바지했다. 에이즈 퇴치에 공헌한 그의 연구 성과는 과소평가할 만한 수준이 아니었다.

실험 방식이 다소 거칠었고, 성공을 위해 야비한 수단과 방법을 가리지 않는 비열한 모습 등 결점도 많아 갈로는 여론의 뭇매를 맞기는 했다. 그렇기는 해도 갈로는 모든 결점을 가리고 남을 정도의 탁월한 연구 능력과 통솔력, 인간적인 매력을 겸비한 인물이었던 것으로 판단된다. 그는 학계에서는 좀처럼 보기 힘든 야누스의 얼굴을 가진 인물로 역시 '위대하다'라는 평가를 받을만한 연구자다. 그렇다고 갈로와 함께 일하겠냐고 묻는다면 정중히 사양하고 싶지만 말이다.

에이즈는 악마가 인류를 함정에 빠뜨리기 위해 설치한 덫이라고?

여러 가지 우여곡절을 겪으면서도 연구자들의 눈물 나는 노력 덕분에 '적'의 본체인 바이러스를 포착하고 그 생태까지 파악했다. 연구를 통해 에이즈라는 병이 마치 악마가 인류를 함정에 빠뜨리기 위해 정교하게 설계한 덫처럼 얄미울 정도로 잘 만들어진 구조임이 밝혀졌다. 에이즈를 두고 어느 연구자가 '얄미울 정도로 잘 만들어진 질병'이라고 표현했다고 하는데, 나 역시 그 의견에 전적으로 동의한다.

상처 부위를 통해 인간의 몸속으로 들어간 HIV는 림프구의 일종인 보조 T세포(Helper T cell)를 표적으로 삼는다. 보조 T세포는 우리 몸에 침입한 외적의 존재를 알리고 항체 생산을 돕는 역할을 담당하는 이른바 '면역계의 사령관'인 셈이다. 한데, HIV는 어둠을 틈타 숨어드는 닌자처럼 적진에 파고들어 전광석화와도 같이 사령관을 처치한다.

HIV는 유전자로 RNA를 보유하고 있다. 보조 T세포 안으로 들어간 HIV는 역전사 효소(Reverse Transcriptase)라는 단백질의 작용으로, 유전자의 RNA 정보에서 DNA를 만들어낸다. 그 DNA는 놀랍게도 T세포의 DNA에 편입되며, T세포는 이 DNA의 지령에 따라 HIV 바이러스를 복제한다. 녀석은 하루에 무려 100억여 개에 달하는 엄청난 숫자의 HIV 바이러스를 찍어낸다. 그런 다음 보조 T세포는 이윽고 파괴되어 바이러스를 방출한다. 이때 쏟아져 나온 새끼 바이러스는 주위 보조 T세포에 달라붙어 물귀신처럼 새로운 세포를 감염시킨다.

감염 초기에는 혈액과 생식기의 분비액에 다량의 바이러스가 존재하므로 다른 사람에게 감염시킬 위험도가 높아진다. 이 시기에는 자각증상도 있지만 발열과 권태감 등 감기와 유사한 증상이라 HIV에 걸렸다는 사실을 알아차리지 못하는 경우가 많다. 게다가 그 자각증상마저 얼마 지나지 않아 진정된다. 항체가 활동함에 따라 HIV의 양이 줄어들기 때문이다. 그러나 바이러스는 사멸하지 않고 변이를 거듭하며 끈질기게 살아남는다. 이 시기는 자각증상이 없어 감염을 알아차리지 못하고 다른 사람에게 옮기는 경우도 많다.

발병하고 얼마 지나지 않아 죽는 병이라면 폭발적으로 감염이 확산하지는 않을 것이다. 에이즈는 발병까지의 잠복 기간이 3~10년으로 꽤 길기 때문에 보이지 않는 곳에서 조용하고 은밀하게 야금야금 마수를 뻗어 나간다. 또한, HIV는 변이 속도가 말도 안 되게 빨라서 구조가 다른 변종을 끊임없이 만들어낸다. 따라서 HIV 백신을 만들어도 효과가 없는 돌연변이 개체가 바로 출몰할 수 있다. 지구상에 출현한 지 30년이 넘은 지금까지도 제대로 된 에이즈 예방접종이 만들어지지 못하는 까닭이 바로 여기에 있다. 에이즈 바이러스는 우리 인류를 괴롭히는 참으로 무섭고 성가신 적임이 틀림없다.

에이즈 치료제를 최초로 개발한 일본인 의사 이야기

그렇다면 바이러스를 퇴치하는 약은 어떻게 만들어야 할까? 사실 이 부분이 가장 어려운 문제다. 심지어 세균 감염증 치료제보다도 훨씬 난도가 높다.

나는 앞에서 페니실린 이야기를 하며, 세균은 세균벽 합성 효소라는 아킬레스건을 가지고 있다고 설명했다. 기본적으로, 모든 세균은 이 약점을 가지고 있다. 이 약점 덕분에 약으로 세균을 공격해도 인체에는 영향을 미치지 않기에 세균은 이상적인 과녁이라고 할 수 있다.

그러나 바이러스는 일단 종류가 너무 많다. 지구상에 존재하는 다양한 바이러스가 공통으로 지닌 '급소'가 존재하지 않는다. 그래서 항바이러스제는 각각의 종을 대상으로 삼을 수밖에 없으며, 현재 기준으로 인플루엔자나 감염 등 몇 종류의 바이러스에 대한 약품만 개발되는 수준에 머물고 있다.

또 대다수의 경우, 바이러스가 직접 만드는 단백질은 몇 종에서 몇십 종에 지나지 않아 이 단백질을 차단하면 증식을 방지할 수 있다는 공략 포인트가 적다. 게다가 바이러스에는 변이가 빠른 종류가 많아서 기껏 항바이러스제를 개발해도 이미 내성이 생겼을 가능성이 크다. 바이러스가 '인류 최후의 적'이라는 명성을 얻은 까닭이 여기에 있다.

이 모든 벽을 뛰어넘어 최초로 에이즈 치료제를 세상에 내놓은 사람은 젊은 일본인 의사지만 그의 이름을 아는 사람은 많지 않다. 지금은 구마모토 대학교에서 교수로 재직 중인 미쓰야 히로아키 박사다.

미쓰야 교수는 구마모토 대학교 의학부에서 박사 학위를 취득한 후 1982년 미국 국립 암연구소로 유학을 떠났다. 같은 부지 안에서 갈로가 HIV 연구에 한창 열을 올리던 시기였다. 그 시기에 면역학을 전문으로 하던 미쓰야 박사의 연구팀에게 그의 상사가 에이즈 치료 연구를 하면 어떻겠냐고 권유했다.

그러나 당시는 단지 병원성 레트로바이러스가 막 발견되었을 뿐일 때였다. 그러므로 치료제를 만들려고 해도 어디를 어떻게 파고들어야 할지 그 누구도 감을 잡지 못하던 시대라서 연구해보라는 말을 들어도 깜깜이 연구밖에 진행할 수 없는 실정이었다. 무엇보다 다량의 바이러스를 다루는 연구자는 사소한 부주의로 일어난 사고로 자신이 감염될 위험을 무릅써야 했다. 미쓰야 박사의 동료들은 대놓고 싫은 티를 내며 사양했다. 게다가 에이즈 연구를 할 바에야 사직서를 내겠다고 핏대를 올리는 사람도 있었다. 감염 경로도 아직 불분명하고, 제대로 된 치료법도 없고, 치사율은 높은 바이러스를 흔쾌히 연구하고 싶어 하는 사람이 드문 것은 어쩌면 당연한 일이었다.

그러나 미쓰야 박사는 과감히 제안을 받아들이겠다는 결단을 내렸다. 그러나 동료들은 같은 실험실 안에서 HIV 바이러스를 다루어야 한다는 사실에 경악했고 단호히 거절했다. 하는 수 없이 미쓰야 박사는 따로 떨어진 건물에 있는 갈로의 연구실까지 나가 연구를 진행하기로 했다.

HIV 치료제를 찾아내려면 제일 먼저 평가법을 확립해야 했다. 실험 기술이 뛰어났던 미쓰야 박사는 혼자 힘으로 평가법을 뚝딱 만들어냈다. 보조 T세포와 HIV 바이러스를 섞어두면 며칠 만에 바이러스에 감염된 T세포는 잡아먹힌다. 그 전에 시험할 약물을 투여하고 T세포 중에 무사한 개체가 있으면 그 약품은 '효능이 있다'는 판정을 내리는 기법이다.

미쓰야 박사는 영국 제약기업인 버로스 웰컴(Burroughs-Wellcome, 현 글락소스미스클라인)이 제공한 몇몇 화합물 중에서 HIV 증식을 억제하는 화합물을 발견한다. 그 물질의 이름은 지도부딘(azidothymidine, AZT)이었다. 그때까지 손 쓸 도리가 없던 에이즈라는 무서운 적에게 대항할 수 있는 효과적인 무기를 인류가 처음으로 손에 넣은 순간이었다.

에이즈 환자를 대상으로 한 임상시험에서도 유효성이 입증된 AZT는 미국 식품의약처(FDA)에서 최우선으로 심사를 받아 신약 신청을 하고 불과 한 달 만에 의약품으로 승인받았다. 신약 심사는 짧게는 1년, 길어지면 몇 년이 걸리는 게 일반적이니 말 그대로 번갯불에 콩 구워 먹는 속도로 모든 절차가 속전속결로 진행된 셈이다. 우리 사회가 AZT를 얼마나 손꼽아 기다려왔는지를 한눈에 보여주는 사건이다.

그렇다면 AZT는 어떻게 효과를 발휘할까? DNA는 네 종류의 부품으로 이루어진다. 이들 부품은 하이드록시기라는 이름의 '팔'을 두 개 가지고 있고, 이 팔이 인산이라는 접착제를 매개로 연결되어 긴 사슬을 만든다. 이 사슬이 두 가닥 얽혀 이중나선 모양이 되고, 이를 DNA라 부른다.

AZT는 DNA 네 종류의 부품 중 하나인 티미딘(Thymidine)이 바탕이 되고, 하이드록시기라는 원자단으로 치환된다. 말하자면, 한쪽 팔밖에 없는 외팔이 위조 부품이다. 바이러스는 이 AZT를 진짜 티미딘이라 착각해 편입시켜 DNA로 조합해버린다.

그러나 AZT는 팔이 한쪽밖에 없어 그 이상 사슬을 늘리지 못하고, DNA 합성은 거기서 중단된다. 즉, 바이러스 복제도 불가능해진다는 의미다. 참고로, AZT는 본래 항암제를 목표로 만들어진 화합물이었다.

암세포는 바이러스와 마찬가지로 증식할 때 대량의 DNA 합성이 일어나기에, 이를 저지하는 화합물이 약이 될 수 있다는 원리다.

그러나 미쓰야 박사는 사상 최초 에이즈 치료제 개발자로 이름을 올릴 수 없었다. 그의 연구 결과를 본 버로스 웰컴사가 잽싸게 손을 써서 특허권을 낚아채 가버렸기 때문이다. 게다가 버로스 웰컴은 이 신약에 1년에 1만 달러라는 터무니없이 비싼 약값을 책정했다.

에이즈로 고통받는 환자들은 값비싼 약값 탓에 신약을 쓸 엄두도 내지 못한다. 분노한 미쓰야 박사는 더 나은 신약을 적절한 가격에 세상에 내놓겠다는 강수를 두었다. 그는 AZT 개발 당시의 아이디어를 한 단계 더 진전시켜 DDI(Didanosine, 항 HIV제) 및 DDC(Zalcitabine, 항바이러스제)를 발견하고 특허를 직접 취득한 다음 제약기업과 계약해 AZT의 5분의 1 가격으로 시판했다. 미쓰야 박사는 그 누구도 세상에 내놓지 못한 에이즈 치료제를 혼자서 세 가지나 만들어낸 기적의 사나이가 되었다.

물론 항 HIV 약 개발은 미쓰야 박사 혼자 힘으로 이루어낸 성공이 아니다. 제약기업에서는 HIV 프로테아제(HIV-1 protease)라는 효소

에이즈로 고통받는 환자들은 값비싼 약값 탓에
신약을 쓸 엄두도 내지 못한다.
분노한 미쓰야 박사는 더 나은 신약을
적절한 가격에 세상에 내놓겠다는 강수를 두었다.

에 주목했다. 이 효소는 HIV가 새끼 바이러스를 만들어낼 때 작용하는 효소로, 약물로 그 작용을 차단하면 HIV의 증식을 억제할 수 있다.

HIV 프로테아제의 구조 해석, 컴퓨터를 활용한 의약품 분자 디자인, 복잡한 분자 구조를 공업 규모로 합성하는 등 말 그대로 최첨단 기술을 아낌없이 쏟아부었다. 이러한 과정은 수많은 의학 화학 교과서에서 다루는 현대 제약의 정수라는 찬사가 아깝지 않은 쾌거다. 어떤 회사의 연구자는 학회에서 "에이즈 치료제 개발은 제약기업에 주어진 사회적 책무로, 돈벌이를 생각하지 않고 연구에 매달리고 있다"라고 밝히기도 했다. 그리고 실제로 효과 있는 신약을 세상에 내놓았으니 칭찬받아 마땅하다.

거듭 말하지만, HIV는 변이 속도가 빨라 신약 내성도 그만큼 생기기 쉽다. 그래서 다른 유형의 약제를 세 종류 동시에 먹는 약물 투여법이 고안되었다.

세 종류의 약물을 칵테일처럼 혼합해 투여하면 동시에 세 종류의 약제에 대한 내성을 획득하는 바이러스가 생길 확률은 매우 희박하다. 그래서 내성 바이러스 출현을 억제하며 HIV를 효율적으로 퇴치할 수 있다. 지금은 이 칵테일 요법으로 꾸준히 치료받으면 HIV에 걸리더라도 바이러스 증식을 억제해 증상 발현을 예방할 가능성이 열려 있다. 여기에 이르기까지 인류는 죽음의 병 에이즈가 초래한 공포에서 한 발짝 몸을 빼고 잠시나마 숨 고르기를 하며 완치로 가는 경주를 계속할 시간을 벌 수 있게 되었다.

아직 끝나지 않은 싸움

다양한 분야의 과학자가 총력전을 펼친 결과, 우리 인류는 에이즈와의 피비린내 나는 싸움에서 참패를 면할 수 있었다. 에이즈로 인한 사망자 수는 정점을 찍었을 때보다 40퍼센트 이상 줄어들었고, 현재 전 세계에서 1,500만 명이 항 HIV 치료를 받고 있다. AZT 등의 신약이 없었더라면 그들 중 대다수가 이미 이 세상 사람이 아닐 것이다. 키스 해링도 프레디 머큐리도 아이작 아시모프도 몇 년만 더 늦게 HIV에 걸렸더라면 지금까지 살아 멋진 작품을 꾸준히 선보일 수 있지 않았을까?

에이즈 치료제를 '역사를 바꾼 약'의 반열에 추가해도 이의를 제기할 사람은 많지 않으리라 본다. 여기까지 읽은 독자라면 아마 전적으로 찬성하지 않을까?

그렇다고 모든 문제가 해결된 건 아니다. 상당수의 치료제가 특허라는 벽에 가로막혀 막대한 치료비가 들다 보니 형편이 넉넉지 않은 환자들에게는 그림의 떡이나 다름없다. 아직은 신약의 은혜를 누리는 사람은 선진국 사람들뿐이다. 2014년에만 200만 명의 새로운 에이즈 환자가 발생했으며, 120만 명이 에이즈 합병증으로 사망했다. 지금도 에이즈는 세계 사망 원인 6위를 차지하고 있다.

미쓰야 박사는 2006년 네 번째 에이즈 치료제인 다루나비어(Darunavir, DRV)를 개발했다. 이 약은 '특허 풀(patent pool)'에 참가한 첫 번째 의약품이 되었다. 특허 풀은 개발도상국의 제약기업이 무료로 특허를 사용할 수 있도록 허가해주는 제도다. 이러한 제도가 다른 의약품에도 확대 적용되는 날이 오기를 기대한다.

신약이 나오며 새로운 골칫거리가 생겼다. 에이즈 치료제를 꾸준히 먹으면 어지간해서는 에이즈로 사망하지 않게 되며, 에이즈에 대한 경계의 빗장이 느슨해지는 경향이 있다. 일본에서는 매년 1,500명 정도의 새로운 환자가 발생하는데, 총 2만 4,000여 명이 HIV에 걸렸다.

아마도 아직 감염 사실을 알아차리지 못한 사람이 당국의 통계 밖에 상당수 존재할 것이다. 선진국에서 에이즈 환자가 증가 추세에 있는 나라는 일본이 거의 유일하다는 지적도 있다(참고로 우리나라의 에이즈 환자 수는 1985년 2명에서 출발, 2016년 기준으로 1,199명으로 신규 감염자 수가 계속 증가하고 있다. 우리나라의 에이즈 누적 환자 수는 2015년 기준으로 12,522명, 전 세계적인 감소 추세와 상반된 결과를 보여주며, 2011년 신규 감염자 수가 1,529명에서 2015년 1,434명으로 감소한 일본보다 심각한 상황이다. 관련 자료는 통계청의 국가통계 포털 http://kosis.kr/index/index.do 에서 확인할 수 있다.—옮긴이).

이러한 노력에도 HIV의 기세가 현재까지 꺾이지 않으며 에이즈 바이러스가 변이를 일으키고 기존의 약물이 듣지 않는 신형 에이즈가 출현할 가능성도 커지고 있다. 그러므로 '에이즈는 이미 끝난 문제'라고 덮어둘 문제가 아니다.

에이즈 이외에도 신흥 감염증은 끊임없이 발생하고 있다. 에이즈는 역사상 유례없는 빠른 속도로 연구가 진행되어 신속하게 효과적인 대책이 강구되었지만, 앞으로 에이즈의 자리를 차지할 병에 대해서도 마찬가지 결과를 기대하기는 힘들다. 예를 들어 에이즈와는 자릿수가 다른 감염력을 지녔다는 신형 인플루엔자에 대해서도 지금의 방비는 충분하지 않다. HIV와의, 그리고 바이러스와의 싸움은 아직도 끝이 보이지 않는다.

이 책에서는 주로 감염증 치료제와 진통제에 대해 다루었다. 그러나 인류의 적인 질병은 당연히 감염증 외에도 차고 넘친다. 오늘날에는 각종 성인병이 집중 조명받고 있고, 일본에서는 사망률 1위를 차지한 암과의 투쟁은 앞으로도 갈 길이 멀다.

알츠하이머성 치매처럼 노화에 동반되는 질환은 현대사회에서 가장 절실하게 치료제가 필요한 영역이다. 그러나 아직 완치로 가는 길목에 들어섰는지조차 확신할 수 없는 실정이다. 류머티즘과 크론병 등 이른바 '자가면역 질환'으로 분류된 질병은 기존에 알려진 약으로는 치료가 어렵다.

이들 질병과 싸우는 약 중에는 지금까지와는 완전히 다른 유형의 새로운 약이 등장하고 있다. 생체 면역 시스템을 담당하는 항체를 조작해 만드는 약, 속칭 '항체 약물(Antibody-drug conjugate, ADC)'이 대표적인 사례다. 신약의 등장으로 암과 류머티즘 등의 난치성 질환 치료 분야에 최근 변화의 조짐이 나타나고 있다.

또 면역세포를 활용한 치료와 iPS 세포(만능 줄기세포) 등을 이용한 재생 의료 등도 인류를 구원할 유망 무기 후보로 거론되고 있다. 제약기업은 '약'의 틀을 뛰어넘어 새로운 의료수단을 모색하는 단계에 접어들었다. 또 병에 걸리고 나서 치료한다는 기존의 사고방식을 뛰어넘어 조기에 병의 조짐을 발견하여 발병을 미리 방지하는 진단약 등도 크나큰 발전을 거두고 있다.

이들 약은 효능, 부작용, 투여 방법, 약값 등 여러 방면에서 기존 약과 다른 모습을 보여줄 가능성이 있다. 그러나 이 모든 것을 둘러싼 의료 시스템, 사회 제도, 그리고 우리의 의료를 대하는 인식도 시대의 변화에 발맞추어 달라져야 한다.

현대 의학은 인류의 궁극의 꿈인 불로불사에 한 발 한 발 다가가고 있다. 수명 연장 연구가 진지하게 이루어지고 그 실마리가 될 화합물을 속속 찾아내고 있다. 진의 시황제가 백방으로 수소문하던 불사의 선약은 지금은 완전히 꿈 같은 이야기가 아니다. 완전한 불로불사까지는 힘들더라도 20년 정도 수명을 연장하는 기술이라면 인류 역사에서 중대한 전환점이 될 수 있을 것이다.

의약품은 죽음과 고통에서 벗어나고자 하는 우리 인류의 보편적인 소망과 얽혀 있다. 그래서 의약품 개발에는 항상 막대한 자금과 우수한 두뇌 등 최대한의 자원이 투입된다. 의학의 진보는 더욱 속도가 빨라질 전망이다.

과학의 진보와 더불어 의약품은 우리 사회와 더욱 밀접한 관계를 맺게 된다. 페니실린보다도 아스피린보다도 역사의 흐름을 크게 뒤흔들어놓을 신약이 머지않은 미래에 반드시 등장하리라 믿는다. 그 신약이 사회에 미칠 영향은 당연히 긍정적인 면만이 아닐 것이다.

이 시대를 사는 우리는 새 시대를 맞이할 준비를 얼마나 마쳤을까? 만약 이 책이 앞으로 다가올 의약품의 미래에 대해 독자 여러분이 생각하는 계기를 마련해준다면 저자인 내겐 더할 나위 없는 기쁨이 될 것이다.

—사토 겐타로